읽/기/만/해/도/말/할/수/있/는

기본
생활영어

국제언어교육연구회

太乙出版社

■책머리에

기본 생활영어란?

　국내외의 어느 곳에서나 처음 보는 외국인과 간단한 서로의 소개를 시작으로 연락처를 교환하고 헤어질때 까지의 대화를 척척 이어 나갈 수 있어야 합니다.
　국적이 다른 입장에서 만났으므로 서로가 알고 싶은 것이 많기 때문에 사적인 대화가 이루어질 수 있습니다. 앞으로 계속 연락을 유지하고 또 만날 것을 약속하고 헤어졌다면 1차적으로 성공을 한 셈이 됩니다.
　그 후 전화로 자주 통화를 하면서 두 번째의 만남을 시작으로 계속적인 접촉이 이어지게 됩니다. 처음 만남에서 이미 서로를 잘 알게 되었으므로 두 번째의 만남부터는 대화의 주제가 다양하게 바뀌어야 하겠습니다. 이어지는 만남에서도 대화를 계속 할 수 있다면 기본 영어회화 능력이 있다고 인정 받을 수 있습니다. 만일 대화를 못하게 되면 일방적으로 외국인의 말만 듣게 되고 대화가 끊기면서 서로가 앞으로의 만남에 큰 우려를 갖게 됩니다.
　본「기본 생활영어」는 그러한 우려를 덜고 자신감을 가질 수 있도록 하는데 그 목적을 두고 있습니다. 가급적이면 상대의 주제에 들어가지 말고 상대를 자기의 주제 속에 넣고 대화를 하면 기본 영어회화 능력을 배가하는 더없는 좋은 방법입니다. 이러한 방법을 습관처럼 계속 하다보면 외국인과의 만남이 기다려지게 되고 오히려 이쪽이 할말이 더 많아질 수도 있어서 외국인 공포에서 완전히 자유로워질 수 있습니다.

어차피 외국인은 한국사람이 자기와 사귀면서 배운 영어를 연습하고 있다고 생각합니다. 그렇지만 어느 정도 기본을 닦아 놓았다면 당신을 성실한 사람으로 평가하게 됩니다.

"발뒷꿈치가 갈라진 사람에게는 돈을 빌려주지 말라"는 중국의 속담이 있습니다. 건강은 본인이 챙겨야할 기본인데 이러한 사람은 성실한 사람으로 평가 받을 수 없습니다.

본「기본 생활영어」로 공부하여 외국인에게 정말 계속 사귀고 싶은 성실한 사람으로 인정받을 수 있기를 진심으로 바라며 독자의 기본회화 실력이 이번 기회에 잡힐 수 있기를 빌겠습니다.

著者 識

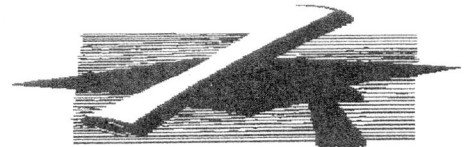

차 례

머 리 말 7

Chapter 1

Situation 1 Exchanging Names 22	
상황 1 통성명 할 때 *23*	

Situation 2 Dwelling 24
상황 2 사는 곳을 물을 때 25

Situation 3 One's Occupation 26
상황 3 직업을 물을 때 27

Situation 4 One's Hometown 28
상황 4 고 향 29

Situation 5 One's Schooling Family 30
상황 5 학력 · 가족 31

Situation 6 One's Personality · Hobby Special Talent · Sole Enjoyment 32
상황 6 성격 · 도락 · 특기 · 유일한 낙 33

Situation 7 Goal In Life · View Of Life · Long Cherished Desire 34
상황 7 인생의 목표 · 인생관 · 오랫동안 품어온 욕망 35

Situation 8 Speaking To A Foreigner 36
상황 8 외국인에게 말을 걸어 37

Situation 9 Making An American Friend 38
상황 9 미국인 친구를 사귐 39

Situation 10 Making An Appointment ·········· *40*
상황 **10** 약속하기 ·········· *41*

Situation 11 In Restaurant ·········· *42*
상황 **11** 식당에서 ·········· *43*

Situation 12 In A Korean Restaurant ·········· *44*
상황 **12** 한국 식당에서 ·········· *45*

Situation 13 Taking A Picture (1) ·········· *46*
상황 **13** 사진을 찍으며 (1) ·········· *47*

Situation 14 Taking A Picture (2) ·········· *48*
상황 **14** 사진을 찍으며 (2) ·········· *49*

Situation 15 Flight Reservation ·········· *50*
상황 **15** 비행기 예약 ·········· *51*

Situation 16 Reconfirming ·········· *52*
상황 **16** 재확인하며 ·········· *53*

Situation 17 Showing The Way (1) ·········· *54*
상황 **17** 길 안 내 (1) ·········· *55*

Situation 18 Showing The Way (2) ·········· *56*
상황 **18** 길 안 내 (2) ·········· *57*

Situation 19 At The Antique Shop ·········· *58*
상황 **19** 골동품점에서 ·········· *59*

Situation 20 At The Department Store ·········· *60*
상황 **20** 백화점에서 ·········· *61*

Situation 21 At The Tailor's And Dressmaker's ·········· *62*
상황 **21** 양복점 그리고 양장점에서 ·········· *63*

Situation 22 At A Drugstore ·········· *64*
상황 **22** 약국에서 ·········· *65*

Situation 23 Vitamins ·········· *66*

상황 23 비 타 민 ·· 67
Situation 24 Sports (1) ·· 68
상황 24 운 동 (1) ··· 69

Situation 25 Sports (2) ·· 70
상황 25 운 동 (2) ··· 71

Situation 26 Invitation ·· 72
상황 26 초 대 ·· 73

Situation 27 About The Time When The Party Comes To An End ············· 74
상황 27 파티가 끝나갈 무렵 ··· 75

Situation 28 Job Interview (1) ·· 76
상황 28 취업 면접 (1) ·· 77

Situation 29 Job Interview (2) ·· 78
상황 29 취업면접 (2) ·· 79

Situation 30 Staying At An American Hotel ····················· 80
상황 30 미국의 호텔에 묵을 때 ··· 81

Situation 31 Dining Out In The United States ················ 82
상황 31 미국에서 외식을 할 때 ··· 83

Situation 32 Visiting American Homes ···························· 84
상황 32 미국의 가정을 방문 할 때 ···································· 85

Situation 33 Contacting People Recommended By Your Friends ····· 86
상황 33 친구로부터 추천받은 사람을 만나게 될 때 ················· 87

Situation 34 Something About American Geography (1) ·········· 88
상황 34 미국의 지리에 대하여 (1) ···································· 89

Situation 35 Something About American Geography (2) ·········· 90
상황 35 미국의 지리에 대하여 (2) ···································· 91

Situation 36 Something About American Geography (3) ·········· 92
상황 36 미국의 지리에 대하여 (3) ···································· 93

Situation 37 Something About American Geography (4) 94
상황 37 미국의 지리에 대하여 (4) 95

Situation 38 How Did You Get There? 96
상황 38 어떻게 가셨는데요? 97

Situation 39 Fasten Your Seat Belt 98
상황 39 자리 띠(안전 벨트)를 매십시오 99

Situation 40 With Your Desire And Zeal 100
상황 40 자네의 의욕과 열의면 101

Situation 41 I Couldn't Ask For Anything More 102
상황 41 더 이상 바랄 것이 없어요 103

Situation 42 Things Are Not Always What They Seem ... 104
상황 42 겉과 속은 다른 법 105

Situation 43 Do It If You See Fit 106
상황 43 좋다고 생각되면 그렇게 해 보게 107

Situation 44 You Look Easy Today 108
상황 44 오늘 여유 있어 보입니다 109

Situation 45 I Wish My English Were Better 110
상황 45 영어를 잘 하면 좋으련만 111

Situation 46 Every Third Man Has A Car 112
상황 46 세 사람 중 하나는 차를 가지고 있다 113

Situation 47 We're Going To Have Another Hot Day 114
상황 47 오늘도 덥겠습니다 115

Situation 48 It Takes A Lot Of Doing 116
상황 48 여간 힘드는 일이 아닙니다 117

Situation 49 There's A Storm Warning Out 118
상황 49 폭풍 주의보가 내렸어요 119

Situation 50 What Are You Into? 120

상황 50 어떤 것에 흥미가 있나? 121

Situation 51 Guidance (1) 122
상황 51 길 안 내 (1) 123

Situation 52 Guidance (2) 124
상황 52 길 안 내 (2) 125

Situation 53 Guidance (3) 126
상황 53 길 안 내 (3) 127

Situation 54 I Wanted To Ask You Out 128
상황 54 데이트 신청하고 싶었습니다 129

Situation 55 What'll We Do? 130
상황 55 우리 뭘 할까? 131

Situation 56 I'll Get Him To Answer The Phone 132
상황 56 바꿔 드리겠습니다 133

Situation 57 A Want Ad (1) 134
상황157 구인 광고 (1) 135

Situation 58 A Want Ad (2) 136
상황 58 구인광고 (2) 137

Situation 59 Job At Trading Co. (1) 138
상황 59 무역회사의 취업 (1) 139

Situation 60 Job At Trading Co. (2) 140
상황 60 무역회사의 취업 (2) 141

Situation 61 Job At Trading Co. (3) 142
상황 61 무역 회사의 취업 (3) 143

Situation 62 Job At Trading Co. (3) 144
상황 62 무역회사의 취업 (4) 145

Situation 63 Talking Over The Telephone 146
상황 63 전화로 이야기 하기 147

Situation 64 We Don't Have A Bob Here. *148*
상황 64 밥이란 사람 없습니다 *149*

Situation 65 The Rescue Party On 119 .... *150*
상황 65 119 구조대 *151*

Situation 66 The Weatherman Says… *152*
상황 66 일기예보에 의하면 *153*

Situation 67 Weather Permitting *154*
상황 67 날씨만 좋다면야 *155*

Situation 68 My Car Won't Start *156*
상황 68 시동이 안 걸려 *157*

Situation 69 I Enjoy Seoul A Great Deal *158*
상황 69 서울이 참 좋아요 *159*

Situation 70 Oh, My God! *160*
상황 70 야단 났는데! *161*

Situation 71 I'M All For That *162*
상황 71 찬성입니다 *163*

Situation 72 Other Things Being Equal *164*
상황 72 같은 값이면 *165*

Situation 73 People Living In Clover *166*
상황 73 호화판 생활을 하는 사람들 *167*

Situation 74 Why Not Try Out? *168*
상황 74 한 번 나가보지? *169*

Situation 75 Here's How!(Cheers!) *170*
상황 75 건 배 *171*

Situation 76 That Reminds Me *172*
상황 76 깜빡 잊을 뻔 했군 *173*

Situation 77 The Reader's Answer Colunm Ask The Same Question Back *174*

상황 77 독자의 답변 란·답변 후 같은 질문을 ························ *175*
Situation 78 The Reader's Answer Colunm Ask The Same Question Back ····· *176*
상황 78 독자의 답변 란·답변 후 같은 질문을 ························ *177*
Situation 79 The Reader's Answer Colunm Ask The Same Question Back ····· *178*
상황 79 독자의 답변 란·답변 후 같은 질문을 ························ *179*
Situation 80 The Reader's Answer Colunm Ask The Same Question Back ····· *180*
상황 80 독자의 답변 란·답변 후 같은 질문을 ························ *181*
Situation 81 The Reader's Answer Colunm Ask The Same Question Back ····· *182*
상황 81 독자의 답변 란·답변 후 같은 질문을 ························ *183*
Situation 82 The Reader's Answer Colunm Ask The Same Question Back ····· *184*
상황 82 독자의 답변 란·답변 후 같은 질문을 ························ *185*
Situation 83 The Reader's Answer Colunm Ask The Same Question Back ····· *186*
상황 83 독자의 답변 란·답변 후 같은 질문을 ························ *187*
Situation 84 A Hopeful Sight ··· *188*
상황 84 기대에 부푼 광경(희망이 넘치는 광경) ···················· *189*
Situation 85 Please look for quality not for just a price ············· *190*
상황 85 값을 보지 말고 품질을 보세요 ································ *191*
Situation 86 Put it there! ··· *192*
상황 86 화해의 뜻으로 악수하세! ·· *193*
Situation 87 Who Has Filled His Shoes? ······························· *194*
상황 87 누가 후임자가 됐습니까? ······································ *195*
Situation 88 The Diamond Mountains ···································· *196*
상황 88 금 강 산 ·· *197*
Situation 89 North Korean Submarine ···································· *198*
상황 89 북한 잠수함 ·· *199*
Situation 90 The Snowballing Foreign Debts ························ *200*
상황 90 상승하는 외채(눈덩이처럼 불어나는 외채) ············ *201*

Situation 91 Economic Staying Power ······ 202
상황 91 경제적인 저력 ······ 203

Situation 92 She's Very Amiable And Likable ······ 204
상황 92 그녀는 대단히 싹싹해서 호감이 간다 ······ 205

Situation 93 You're So Fine ······ 206
상황 93 당신은 너무나 멋집니다 (미모, 얼굴이 잘 생긴, 세련된) ······ 207

Situation 94 Those Who Are Down-And-Out ······ 208
상황 94 아주 어려운 사람들 ······ 209

Situation 95 Did She Take You To Her Heart? ······ 210
상황 95 그녀가 자네를 따뜻하게 받아들이던가? ······ 211

Situation 96 In Various Situations Let's Get Going ······ 212
상황 96 여러 가지 상황에서 슬슬 가 보자 ······ 213

Situation 97 In All Cases ······ 214
상황 97 어떤 경우에 있어서도 ······ 215

Situation 98 In Such A Case Don't Get Behind Your Responsibility ··· 216
상황 98 그와 같은 경우에는 책임을 회피하지 마라 ······ 217

Situation 99 On All Occasions I Got A Thrill Out Of It ······ 218
상황 99 어떤 경우 있어서도 그것에 쾌감을 느꼈다 ······ 219

Situation 100 Chung J.Y. Could Get Something Out Of Kim J.I. ······ 220
상황 100 정주영 씨는 김정일에게서 중대한 것을 받아낼 수 있었다 ······ 221

Chapter 2

Situation 101 After a storm comes a calm. ······ 224
Situation 102 Health is better than wealth. ······ 224
상황 101 고생 끝에 낙이 온다. ······ 225
상황 102 재산보다 건강 ······ 225

Situation 103 I hear you're getting married ······ 226

Situation 104	That's news to me ······ 226
상황 103	가을에 결혼한다더군 ······ 227
상황 104	재산보다 건강 ······ 227
Situation 105	That's good to know ······ 228
Situation 106	How are things? ······ 228
상황 105	알아둘만 하군요 ······ 229
상황 106	어떠십니까? ······ 229
Situation 107	A job with no time off ······ 230
Situation 108	I'm always bothering you ······ 230
상황 107	쉬는 시간도 없는 직업 ······ 231
상황 108	늘 폐만 끼치고 있습니다 ······ 231
Situation 109	You said it ······ 232
Situation 110	I stick to nothing ······ 232
상황 109	지당하신 말씀 ······ 233
상황 110	무슨 일에나 끈기가 없습니다. ······ 233
Situation 111	Friendly and likable ······ 234
Situation 112	A deman at golf ······ 234
상황 111	친절해서 호감이가는 ······ 235
상황 112	골프의 명수 ······ 235
Situation 113	The number-one wonan of golf ······ 236
Situation 114	Spectators there ······ 236
상황 113	골프의 일인자 ······ 237
상황 114	거기에 와 있던 관람객들 ······ 237
Situation 115	In fact as well as in name ······ 238
Situation 116	At her age ······ 238
상황 115	명실공히 ······ 239
상황 116	그 나이에 ······ 239
Situation 117	What we need most ······ 240
Situation 118	Start being a little more kind ······ 240
상황 117	우리가 가장 필요로 하는 것 ······ 241
상황 118	좀더 친절해지기 시작하다 ······ 241

Situation 119　Ways to be patriot ································· 242
Situation 120　Speak out in its defense ······················ 242
상황 119 애국자가 되는 길 ··· 243
상황 120 옹호하는 말을 하다 ··· 243

Situation 121　Make the better wife ······························ 244
Situation 122　Health is better than wealth. ················· 244
상황 121 양처가 되다 ··· 245
상황 122 건강이 최고다 ··· 245

Situation 123　How to get round ~ ································ 246
Situation 124　Say hello for me ······································· 246
상황 123 …를 구워 삶는 방법 ·· 247
상황 124 안부 전해 주게 ··· 247

Situation 125　About the same ··· 248
Situation 126　Oh my! ··· 248
상황 125 늘 그렇다 ·· 249
상황 126 어머나! ··· 249

Situation 127　I'll have it out ·· 250
Situation 128　Do as you like. ··· 250
상황 127 내가 그 일을 처리한다 ·· 251
상황 128 어머나! ··· 251

Situation 129　She's resourceful ·· 252
상황 129 그녀는 수완이 비상하다 ······································ 253

Appendices 1(부록: 상점영어-상황별 비즈니스 회화)

상황 1 손님이 오면 ·· 256
상황 2 상점이나 물건 소개 ·· 257
상황 3 물건에 대하여 ··· 258
상황 4 신제품 권유 ··· 259

상황 5   비싸다고 할 때 260
상황 6   가격 결정과 신속한 흥정 261
상황 7   구입 양을 물어볼 때 262
상황 8   호텔까지 물품 배달 263
상황 9   호텔에서 전화해서 264
상황 10   기타 표현 265
상황 11   기타 표현 266
상황 12   기타 표현 267
상황 13   기타표현 ; 손님이 가려고 할 때문을 부탁할 때, 대접하려고 할때 268
상황 14   기타 표현 269
상황 15   기타표현 ; 상품 소개, 손님이 물건을 골랐을 때 270
상황 16   기타표현 ; 최저 가격, 전액수에서 좀 깎아줄 때 271
상황 17   좀더 싼 것들도 있다고 할 때 ; 제일 잘 나가는 물건을 소개할 때 272
상황 18   어떤 물건을 찾느냐고 물을 때 ; 재고가 부족할 때 273

Appendices 2(십이지(十二支 ; 띠) 영어로 우리말로)

Rat-people 276
쥐 띠의 사람 277
Ox-people 278
소 띠의 사람 279
Tiger-people 280
호랑이 띠의 사람 281
Rabbit-people 282
토끼 띠의 사람 283
Dragon-people 284
용 띠의 사람 285

Snake-people ··· *286*
뱀 띠의 사람 ··· *287*

Horse-people ··· *288*
말 띠의 사람 ··· *289*

Sheep-people ··· *290*
양 띠의 사람 ··· *291*

Monkey-people ··· *292*
원숭이 띠의 사람 ··· *293*

Rooster-people ··· *294*
닭 띠의 사람 ··· *295*

Dog-people ··· *296*
개 띠의 사람 ··· *297*

Boar-people ··· *298*
돼지 띠의 사람 ··· *299*

Chapter 1
제1부

Situation 1 — Exchanging Names

A : My name is Hong Young-suk.
  Hong is my family name.
  Yung-suk is my first name
  Please call me Hong.
  May I have your name?

B : John Robert Mill.
  John is my first name, Robert is my middle name and Mill is my family name.
  Please call me John.

A : How is your name spelled?

B : J - O - H - N.

A : How is your name pronounced?

B : John.

A : I'm Hong Yung-suk.
  What's your name?

B : William Robert Jones.

A : What is William for short?

B : Bill.
  Just call me Bill.

[A] What's your | father's name?
  mother's
  big brother's
  older brother's

Check Point

family name, surname, last name : 성. first name, personal name, Christian

상황 1 통성명할 때

A : 나의 이름은 홍영석입니다.
홍이 성입니다.
영석이 이름입니다.
홍이라고 불러 주세요.
성함이 어떻게 되십니까?

B : 쟌 라버트 밀입니다.
쟌이 휘스트 네임이고 라버트가 중간 이름 그리고 밀이 나의 성입니다.
쟌이라 불러 주세요.

A : 당신의 이름의 철자는 어떻게 됩니까?

B : 제이 - 오우 - 에이치 - 엔.

A : 당신의 이름은 어떻게 발음됩니까?

B : 쟌.

A : 나는 홍영석이라 한다.
이름이 뭐니?

B : 윌리엄 라버트 죤스입니다.

A : 윌리엄의 애칭(첫 이름의 애칭)은 무엇이지?

B : 빌이예요.
그냥 빌이라 부르시면 돼요.

A 너의 | 아버님의 / 어머님의 / 형님의 | 성함은 무엇이지?

Check Point

name, given name : (부르는) 이름. spell : 철자하다. pronounce [prənáuns] : 발음하다, 선언하다, 언명하다, 언도하다. for short : 줄여서

Situation 2 — Dwelling

A : I live in Seoul.
To be exact, I live in — tong.
I've lived in Seoul going on twenty years.
Where do you live?

B : I live in Suwon [Seoul]

A : Where exactly?

B : I live close to Namsan Park.

[A] How long have you lived there?
[B] It's going on one year.

A : Do you live in an apartment or a private house?

B : I live in an apartment.

A : How do you like living in Seoul?

B : I enjoy some things.
There are just too many cars in a small area of land.

A : So I hate the air pollution and the noise.
Where do you live in America?

B : I live in L.A.

A : Do you like Koreans there?

B : Yes, they're friendly and likable.

Check Point

exact [igzǽkt] : 정확한, 틀림없는, 엄밀한, (법률·규율 따위) 엄중한, 엄격한, 정밀한, 면밀한. going on : 거의. close to : ~에 가까이. private house : 사택. hate : 몹시 싫어하다. air pollution : 대기오염. noise : 소음. friendly : 친절한, 친구다운, 정다운. likable : 마음에 드는, 호감이 가는, 귀여운.

 상황 2 사는 곳을 물을 때

A : 나는 서울에 살고 있습니다.
　　정확히 말씀드려서 — 동에 살고 있습니다.
　　서울에 살아온지가 거의 이십 년 입니다.
　　어디에 사십니까?

B : 나는 수원[서울]에 살고 있습니다.

A : 서울 어디 사십니까? [정확히 어딘가요?]

B : 남산공원 가까이 살고 있습니다.

A 거기에 사신지는 얼마나 됐습니까?
B 거의 일 년 됐습니다.

A : 아파트에 사시나요? 또는 사택에 사시나요?

B : 아파트에 살고 있습니다.

A : 서울에서 생활하시기 어떠십니까?

B : 몇 가지는 편리합니다.
　　좁은 땅에 차가 너무 너무 많아요.

A : 그래서 저는 대기오염과 소음이 딱 질색입니다.
　　미국에서는 어디 사십니까?

B : L.A에 살고 있습니다.

A : 그곳 한국 사람들이 마음에 드세요?

B : 친절해서 호감이 갑니다. [정답고 친근해서.]

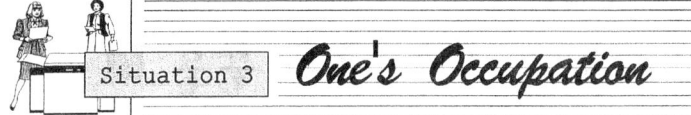

Situation 3 One's Occupation

A : I'm a businessman. [I'm doing business here]
I'm in label, vinylbag and paperbag business.
We make those things to order and deliver them to stores.
Normally we take a large order.
Sometimes we have a rush of orders.
These days orders are falling off because of I.M.F.
Before I.M.F. We enjoyed a favorable business climate.
What line of business are you in?
What is your occupation?

B : I'm in handbag business.

A Is it a paying business or nonpaying business?
B It's a paying business.

A : Speaking of job, many people are out of work.
Unemployed workers are on the increase.
Unemplolyed workers fill the streets.
We have to settle the unemployment problems without a moment's delay.
Korean government is working out some countermeasures and putting them in practice. [getting them under way]
Fortunately it's making rapid progress, though we miss something.

Check Point

to order : 주문에 따라. normally [nɔ́ərməli | nɔ́:-] : 보통, 일반적으로, 표준적으로, 규칙대로, 관습에 따라, 온당하게. a rush : 대수요, 주문쇄도. fall off : (수량이) 줄다, 떨어지다, (기력·흥미 따위) 줄어 들다, 타락하다, 침로에서 벗어나다. favorable [féivərəbl] : (형세·정황·사정 등이) 유망한. 순조로우. work out : 세우다. countermeasures [káuntərméʒər]

상황 3 직업을 물을 때

A : 나는 사업가입니다. [나는 이곳에서 사업을 합니다.]
　　나는 라벨·비닐백·종이백 사업을 하고 있습니다.
　　주문에 따라 그것들을 만들어 상점에 납품합니다.
　　보통 우리는 대량 주문을 받습니다.
　　때때로 주문이 쇄도 하기도 합니다.
　　요즘음은 I.M.F. 때문에 주문이 줄고 있습니다.
　　I.M.F. 전에는 호황을 누렸습니다.
　　무슨 사업을 하십니까?
　　직업이 무엇입니까?

B : 나는 핸드백 사업을 합니다.

A 수지가 맞는 사업입니까? 수지가 안 맞는 사업입니까?
B 수지가 맞는 사업입니다.

A : 직업에 대한 말씀인데요.
　　많은 사람들이 실직해 있습니다.
　　실업자가 늘고 있습니다.
　　직장을 잃은 사람들이 거리에 우글 거립니다.
　　우리는 실업문제를 시급히 해결해야만 합니다.

　　한국 정부는 대책을 세워 실행에 옮기고 있는데 다행히 미흡한 점이 있긴 해도 빠른 진전을 보이고 있습니다.

Check Point

：대책, 반대 보복 수단 역수. put ~ in practice : ~을 실행에 옮기다. make rapid progress : 빠른 진전을 하다. miss something : 미흡하다. climate [kláimət] : 기후, 기후 상으로 본 지방, 지대, 풍토·어떤 사회 지역 시대의 사조, 풍조, 경향. enjoy a favorable climate : 호황을 누리다.

Situation 4 One's Hometown

A : I come from Japan.
　Korea is my second home.
　I was born in Japan and moved to Korea at an early age.
　Where are you from?
　What country are you from?

B : I'm from Hawaii.
　I was born and bred there.
　I live in a nice little house. [place]

Ⓐ How many years is it since you left your home?
Ⓑ It's going on three years.

A : Do you miss your family at home?

B : Yes.

A : How do you like your living away from home?

B : So so.

A : When will you go home?

B : At this time next year.
　[Some time or other]
　We cannot be in two places at a time.

A : That's well said.

Check Point

second home : 제2의 고향. move to~ : ~로 이주하다. bred [bred] : breed의 과거·과거분사(기르다, 양육하다, 교육하다). miss : 보고 싶어하다, 없어서 아쉬워하다. living away from home : 객지 생활. at a time : 같은 시간에, 한번에. left : leave 떠나다의 과거·과거분사

 **상황 4** 고 향

A : 나는 일본 태생입니다.
한국은 나의 제2의 고향입니다.
일본에서 나서 어렸을 때 한국에 이주했습니다.
고향이 어디십니까? [어디서 오셨습니까?]
어느 나라에서 오셨습니까?
나는 하와이 출신입니다. [하와이에서 왔습니다.]
나는 거기서 나서 자랐습니다. [토박이입니다.]
아담한 저택에 살고 있습니다.

A 고향을 떠나신지 얼마나 되셨습니까?
B 거의 3년 됐습니다.

A : 고향에 가족들이 보고 싶으십니까?

B : 네.

A : 객지 생활이 어떠십니까?

B : 그저 그래요.

A : 고향엔 언제 돌아가십니까?

B : 내년 이맘 때 쯤입니다.
[언젠가는 가겠지요.]
같은 시간에 두 곳에 있을순 없지요.

A : 그것은 명답입니다.

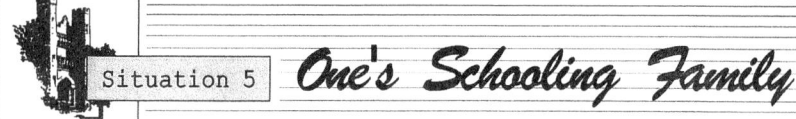

Situation 5 — One's Schooling Family

A : I got a College education.
I graduated from Y-University. [I got through college.]
What university did you graduate from?

B : I'm a graduate of K-University.
I'm a graduate student.
I'M doing graduate work.

A : I majored in political science.
What did you major in at the university?

B : I majored in physics.

A : What school do you go to?

B : I go to PaiChai Middle School.

A : What grade are you in?

B : I'm in the second grade.

A : Are you good at your studies?
Are you an honor student?

B : I'm poor at my studies.

A : How large is your family?

B : There are four of us in my family.
Father, mother, big brother and myself.

Check Point

a graduate [grǽdʒuèit] : 졸업자. graduate from~ : ~을 졸업하다. physics [fíziks] : 물리학. grade : 학년. be good at~ : ~을 잘하다. an honor student : 우등생. get through : 대학 따위를 나오다.

상황 5　학력 · 가족

A : 나는 대학 교육을 받았습니다.
　　 나는 Y-대학을 졸업했습니다.
　　 어느 대학을 졸업하셨습니까?

B : 나는 K-대학 졸업자입니다.
　　 나는 대학원생입니다.
　　 나는 대학원에서 연구하고 있습니다.

A : 나는 정치학을 전공했습니다.
　　 대학에서 무엇을 전공하셨습니까?

B : 나는 물리학을 전공했습니다.

A : 어느 학교 다니지?

B : 배재 중학교에 다닙니다.

A : 몇 학년이지?

B : 2학년입니다.

A : 공부를 잘 하니?
　　 우등생이니?

B : 공부를 잘 못해요.

A : 몇 식구나 되십니까?

B : 네 식구입니다.
　　 아버님, 어머님, 형님 그리고 접니다.

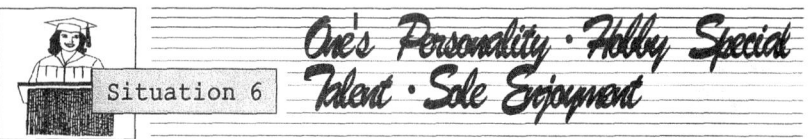

Situation 6 — One's Personality · Hobby Special Talent · Sole Enjoyment

A : I seem to be rather introverted.
I seem to be rather extroverted.
What is your personality?

B : I'm extroverted.

A : I have a hobby of growing flowering plants.
What do you do as a hobby?

B : I have a hobby of raising tropical fish.

A : I'm good at singing. [I'm a good singer.]
What are you good at?

B : I'm good at languages. [figures · golf · telling a story]
I'm good with a rifle. I'm a good shot.
I'm good with a pen. I write a good hand.

A : My sole enjoyment is to see my children growing up.
What is your sole enjoyment?

B : Traveling around the world is my sole pleasure.
Traveling from place to place is my sole enjoyment.
Mixing with girls is my pleasure.
Listening to music is my sole enjoyment.
My sole enjoyment is to drink beer after work.

Check Point

rather [rǽðər] : 조금, 좀, 얼마간, 다소, 오히려, 좀더 정확하게 말하면, 그렇고 말고. introverted [íntrəvə̀ːrtid] : 내성적인. extroverted [ékstrəvə̀ːrtid] : 외향적인. grow flowering plants : 화초를 가꾸다. tropical fish [trɑ́pikəl fiʃ] : 열대어. rifle [ráifl] : 소총. shot [ʃat | ʃɔt] : 사수. sole enjoyment [soul indʒɔ́imənt] : 유일한, 즐거움, 유일한 낙. sole pleasure [soul pléʒər] : 유일한 기쁨. from place to place : 여기 저기. personality [pə̀ːrsənǽləti] : 개성, 성격, 인격, 인품

상황 6 성격·도락·특기·유일한 낙

A : 나는 조금 내성적입니다.
나는 조금 외향적입니다.
당신의 성격은 어떻습니까?

B : 나는 외향적입니다.

A : 나는 화초 가꾸는 것이 취미[도락]입니다.
도락으로 뭘 하십니까?

B : 나는 열대어 기르는 것이 도락입니다.

A : 나는 노래를 잘 합니다. [노래가 특기]
당신은 무엇을 잘 하십니까? [무엇이 특기]

B : 나는 어학을 잘 합니다. [계산, 골프, 이야기]
나는 사격을 잘 합니다.
나는 달필입니다.

A : 나의 유일한 낙은 애들 자라는 것을 보는 것입니다.
당신의 유일한 낙은 무엇입니까?

B : 세계를 여행하는 것이 유일한 낙입니다.
여기 저기 여행 다니는 것이 유일한 낙입니다.
여성들과 교제하는 것이 낙입니다.
음악 감상이 유일한 낙입니다.
유일한 낙은 퇴근 후에 맥주 마시는 것입니다.

Situation 7 — Goal In Life · View Of Life · Long Cherished Desire

A : My goal in life is to make the big time.
What is your goal in life?

B : My goal in life is to be a president of a large company.

A : My view of life is
> to live a life that's full.
> to live a simple life.
> to live a humdrum life.

What is your view of life?

B : My view of life is to live a human life.

A : My long cherished desire is to see our unified Korea.
The reunion of separated family has been our long cherished desire.
What is your long cherished desire?

B : It's hard to say off hand.
My long cherished desire is to make a fortune.

Check Point

goal in life : 인생의 목표. make the big time : 돈과 명예를 얻다. view of life : 인생관. cherished desire : 품은 욕망. unified Korea : 통일 한국. reunion of separated family : 이산가족의 재회. off hand [fɔ́ hǽnd] : 준비 없이, 즉각, 즉석에서, 무뚝뚝한, 퉁명스러운, 되는 대로의, 소홀한. make a fortune : 재산을 모으다, 부자가 되다. bother [báðər] : n. 걱정거리, 고민거리, 귀찮음, 귀찮은 일, 법석, 시끄러움, 분규, 옥신각신.

상황 7   인생의 목표·인생관· 오랫동안 품어온 욕망

A : 나의 인생의 목표는 돈과 명예를 얻는 것입니다.
당신의 인생의 목표는 무엇입니까?

B : 나의 인생의 목표는 큰회사의 사장이 되는 것입니다.

A : 나의 인생관은 성실히[알찬] 생활을 / 검소한 생활을 / 평범한 생활을 하는 것   생활을 살아가는 것입니다.

당신의 인생관은 무엇입니까?

B : 나의 인생관은 인간답게 살아가는 것입니다.

A : 나의 오랫동안 품어온 욕망은 우리의 통일 한국을 보는 것입니다.
이산가족의 재회가 오랜 동안의 숙원입니다.
당신의 오랜 동안의 욕망은 무엇입니까?

B : 준비 없이 [별안간] 말씀드리기 어렵군요.
부자가 되는 것입니다. [재산을 모으는 것.]

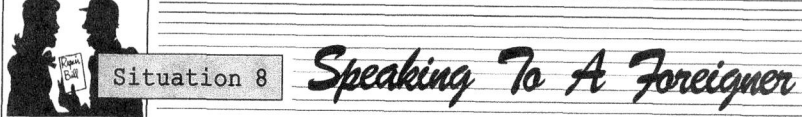

Situation 8 — Speaking To A Foreigner

A : Excuse me.
May I have a word with you?

B : Yes, go ahead.

A : I don't think we've met before.
I'm Hong Yung-suk.

B : I'm Robert Foster Ross.

A : Nice to meet you, Robert Foster. [Bob]

B : Same here.

A : Do you have time for a cup of coffee?
I'm buying. [I'm treating.]

B : With pleasure.

Check Point

have a word with : ~와 말을 주고 받다. **Do you have time for~** : ~할 시간이 있습니까? buy : 사주다, 사다. treat : 대접하다, 치료하다. pleasure [pléʒər] : 기쁨, 즐거움. with pleasure : 기꺼이. go ahead [gou əhéd] : (허가를 구하는 말에 답하여) 어서, (전화에서) 말씀하세요, (명령법으로) 자 어서, 하라.

상황 8 외국인에게 말을 걸어

A : 실례합니다.
말씀 좀 나눌 수 있습니까?

B : 네, 어서 하세요.

A : 초면이군요. [인사나 합시다. 전에 만난 적이 없군요.]
홍영석입니다.

B : 라버트 화스터 라쓰입니다.

A : 만나서 기쁩니다.

B : 저도 그렇습니다.

A : 커피 한 잔 할 시간이 있으십니까?
내가 사 드리겠습니다. [대접하겠습니다.]

B : 좋습니다.

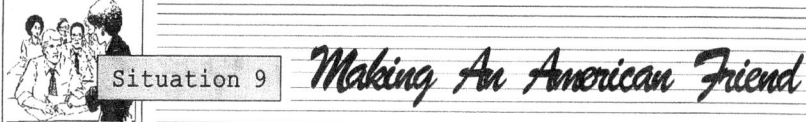

Situation 9 — Making An American Friend

A : Bob, I've been wanting to make an American friend.

B : Hong, I want to make a Korean friend.

A : What a coincidence!
There is an act of Providence.
You can call me up at this phone number.

B : This is mine.

A : Thank you, Bob.
I hope we'll keep in touch.

B : Sure.

A : Bob, as a matter of fact,
I'm trying to improve my English.
How good is my English?

B : You are above the average.

Check Point

coincidence [kouínsidəns] : 일치, 합치, 부합, 동시 발생. **act** [ækt] : 행동, 소행, 행동하다. **providence** [právidəns] : 섭리, 신의 뜻, 신, 선견. **keep in touch** : 연락을 취하다. **as a matter of fact** : 사실은, 실제로는, 사실상. **I'm trying to~** : ~하려고 노력하고 있다. **improve** [imprúːv] : 향상시키다, 개선하다. **above** [əbʌ́v] : 이상, ~의 위에, 위로. **average** [ǽvəridʒ] : 평균, 보통의

 **상황 9** 미국인 친구를 사귐

A : 밥, 미국인 친구 한 사람을 사귀고 싶어왔습니다.

B : 홍, 나는 한국 사람 친구를 사귀고 싶습니다.

A : 참 우연의 일치군요.
이것도 인연입니다.
이 전화번호로 전화할 수 있습니다.

B : 이것은 나의 전화번호입니다.

A : 밥, 감사합니다.
연락을 유지하기 바랍니다.

B : 물론이지요.

A : 밥, 사실은,
나는 영어를 잘 해 보려고 노력하고 있습니다.
나의 영어가 어떻습니까?

B : 보통은 넘습니다. [보통 이상입니다.]

Situation 10 — Making An Appointment

B : Mr. Ross, speaking.

A : Mr. Ross, this is Hong speaking.
Good to hear your voice.
I recognize your voice.

B : I remember seeing you, Hong.

A : Are you free tomorrow?

B : Yes, I'll be free after 12.

A : May I have an appointment at 12?
I thought we might have lunch.
On condition that you're my guest.
[I'm treating. You're my guest.]

B : Sounds good. When and where, Hong?

A : How about Hillton Hotel restaurant?
The food there is excellent.

B : Thank you, Hong. [Thank you for inviting me]
I'll be there by 12.

A : Thank you, Bob. See you then.

Check Point

This is~ : 나는 ~입니다. (전화 통화시) **recognize** [rékəgnàiz] : 인정하다, 알아보다, 본 기억이 있다, ~이 생각나다. **remember+동사ing** : ~했던 것이 기억난다. **I thought we might~** : 같이 ~할까 생각했다. **on condition that** 주어+동사 : ~한 조건으로. **excellent** [éksələnt] : 우수한, 뛰어난, 훌륭한

 상황 10 약속하기

B : 미스터 라쓰입니다.

A : 라쓰 씨, 나 홍입니다.
음성들으니 좋습니다.
당신 음성 알아보겠군요.

B : 홍씨 만났던 것을 기억하고 있습니다.

A : 내일 시간 있으십니까? [할일이 없으십니까?]

B : 네, 12시 이후는 한가할 겁니다.

A : 내일 12시에 약속할 수 있습니까?
점심 식사나 같이 할까하고 생각했습니다.
내가 대접한다는 조건이지요.
[내가 대접합니다. 당신은 나의 손님입니다.]

B : 좋게 생각됩니다. [좋은 말씀이군요.] 언제 어디서요?

A : 힐튼 호텔 레스토랑이 어떨까요?
그곳 음식이 최고입니다.

B : 고맙습니다. 홍씨 [초대해 주어 고맙습니다.]
12시까지 그곳에 가겠습니다.

A : 밥, 고맙습니다. 그 때 봅시다.

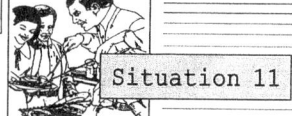

Situation 11 — In Restaurant

A : It's very nice to see you again, Bob.
It has been a long time.

B : Good to see you again, Hong.
Long time no see.

C : May I take your order?

A : I'll have beefsteak.

B : I'll have the same.

C : Do you want anything to drink?

A : I want some orange juice.

B : Make it two.

C : What kind of soup do you want?

A : French Onion soup.

B : Make it two.

C : How do you want your steak, sir?

A : Well-done, please.

B : Medium, please.

C : Would you care for dessert?

A : Apple pie with coffee.

B : Make it two.

C : Will there be anything else?

Check Point

take an order : 주문을 받다. anything to drink : 마실 것(의문문에서). something to drink : 마실 것(긍정문에서). well-done : 완숙. medium : 반숙. rare [rɛər] : 설익은, 덜익

상황 11 식당에서

A : 밥, 다시 만나게 되어 대단히 흐뭇합니다.
오랫만입니다.

B : 흥, 다시 만나서 좋습니다.
오랫동안 못 봤군요.

C : 주문 받아도 좋습니까?

A : 나는 비이프 스테이크로 하겠어요.

B : 나도 같은 걸로 먹겠습니다.

C : 음료수를 하시겠습니까?

A : 오렌지 쥬스로 하겠어요.

B : 같은 걸로 주세요.

C : 스프는 어떤 것으로 하시겠습니까?

A : French Onion 스프로 주세요.

B : 같은 걸로 주세요.

C : 스테이크는 어떻게 익혀 드릴까요?

A : 완숙으로 해 주세요.

B : 반숙으로 해 주세요.

C : 후식을 드시겠습니까?

A : 커피와 같이 사과파이로 하겠어요.

B : 같은 것으로 주세요.

C : 다른 것 더 필요한 것 있으십니까?

Check Point

은(underdone), 무척, 굉장히, 퍽. **care for~** : ~을 좋아하다(부정문·의문문에서) 바라다.
onion [ʌ́njən] : 양속, 《속》머리, 사람, 최루탄, 야구공, 알이 굵은 진주, 서툰 계획, 실패한 모험[일].

Situation 12 **In A Korean Restaurant**

A : Bob, this is a Korean restaurant.
They serve bulgogi, gomtang. galbitang and others.

Bulgogi is thin sliced roast beef,
gomtang is internals soup and rice,
and galbitang is short rib soup and rice.

B : I want to eat some bulgogi.

A : I like bulgogi very much.
Hardly a day goes by without eating bulgogi.

Bob, this is what they call kimchi.
Try a piece.

B : It's too hot to eat.

A : Today you're my guest.
Please help yourself to as much as you want.

Please help yourself to bulgogi as much as you want, Bob.

Check Point

thin sliced [θin slaist] : 얇게 저민(썰은). roast [roust] : 구운. internals [intə́:rnlz] : 내장, 본질, 영혼. Hardly a day goes by without+동사ing~ : 거의 하루도 ~하지 않고 지나가지 않다. what they call : 소위, 이른바. too~ to~ : 너무나 ~해서 ~할 수 없다. help oneself to~ : ~을 자유로(마음대로) 집어먹다. as much as ~want : 마음껏, 실컷

상황 12 한국 식당에서

A : 밥, 여기는 한국 식당입니다.
이 집에서는 불고기, 곰탕, 갈비탕 등을 팝니다.

불고기란 얇게 썬 구운 쇠고기이고,
곰탕이란 소 내장국과 밥이며,
갈비탕이란 짧은 갈비국과 밥을 말합니다.

B : 불고기를 좀 먹고 싶군요.

A : 나는 불고기를 무척 좋아 합니다.
하루도 불고기 안 먹는 날이 거의 없습니다.

밥, 이것이 소위 말하는 김치라는 것인데 한 점 드셔 보세요.

B : 너무 매워서 먹을 수가 없군요.

A : 오늘은 제가 대접하는 것이니 마음껏 드십시오.

불고기를 마음껏 드세요, 밥.

Situation 13 Taking A Picture (1)

A : Bob, how about taking a few souvenir pictures?

B : You talk my language.

A : Let me ask that man coming this way.
Excuse me.

C : Yes?

A : May I ask you a favor?

C : Sure! What can I do for you?

A : Could you please take our picture with this camera?

C : Sure!

A : Just push this button.
We'll stand over there.

C : Okay. Would you please stand a little closer to each other?

A : Like this?

C : That's it. Say "Cheese". (click)
There you go.

A : Thank you very much.

C : You're welcome.

Check Point

take : 찍다. souvenir [súːvəníər] : 기념의, 기념품, 선물. ask a favor : 부탁하다. a little closer : 좀더 가까이, sure [ʃuər] : (대답) 그렇고 말고요. picture [píktʃər] : 사진, 그림, 회화, 초상화. [pl.] 영화산업, 영화계, 영화관. 그림같이 아름다운 것, 미관, 풍경, 광경.

상황 13 사진을 찍으며 (1)

A : 밥, 기념 사진 몇 장 찍는 게 어때요?

B : 나와 같은 생각하고 계시군요.

A : 이쪽으로 오는 저 남자에게 부탁해 볼께요.
실례합니다.

C : 네, 말씀하세요.

A : 부탁 한 가지 해도 될까요? 신세 좀 질까요?

C : 그럼요. 무엇을 도와 드릴까요?

A : 이 카메라로 우리들 사진을 찍어 주시겠어요?

C : 좋습니다.

A : 이 셔터의 단추를 누르기만 하세요.
우리는 저기에 서 있겠습니다.

C : 좋습니다. 좀 더 가까이 서 주시겠어요?

A : 이렇게 말이죠?

C : 잘 됐습니다. "Cheese" 하세요. (찰칵!)
됐습니다. (찍고 나서.)

A : 대단히 감사합니다.

C : 천만의 말씀.

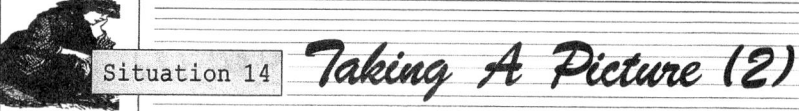

Situation 14 — Taking A Picture (2)

A : Bob, let me take a few pictures of you in memory of our meeting?

B : Do as you please.

A : Please stand under that tree with that hill for a background.

B : Like this?

A : Yes, but how about a little more to the tree.
[How about a little more apart from the tree?]
[How about a little more to the left(right)]
[How about a little closer?]
[Please move in a little closer]

B : Like this?

A : That's it. Say "Cheese" (click)
There you go.

[Stand a little closer to each other]
[Come a little bit closer.]
[Stand face to this way.]

Check Point

in memory of~ : ~을 기념으로, ~을 잊지 않기 위해. with ~ for a background : ~을 배경으로. a little more : 조금 더. apart [əpá:rt] : 떨어져서, 따로, 한쪽으로. a little bit : 조금. face to this way : 이쪽을 보고. memory [mémǝri] : 기념, 추억, 기억, 기억력

상황 14 ## 사진을 찍으며 (2)

A : 밥, 우리의 만남을 기념으로 당신 사진 몇 장 찍으려는데 어때요?

B : 좋으실 대로 하세요.

A : 저 나무 밑에서 산을 배경으로 서 주세요.

B : 이렇게 말 입니까?

A : 네, 하지만 나무 쪽으로 좀더 가까이.
[나무에서 좀더 떨어져 서시는 게.]
[좀 더 왼쪽으로 (오른쪽으로)]
[좀 더 가까이]
[좀 더 가까이] 움직여 주세요.

B : 이렇게 말이죠?

A : 잘 됐습니다. [바로 그것입니다.] "Cheese" 하세요.
자, 됐습니다.

[좀 더 서로 가까이 서 주세요.]
[좀 더 가까이 오시오.]
[이 쪽을 보고 서 주세요.]

Situation 15 — Flight Reservation

A : The Korean Air [KAL] Reservations. May I help you?

B : I want to fly to Hawaii the day after tomorrow. Can I reserve a seat?

A : Which class would you like to fly?

B : Economy class, please.
[First class, please.]

A : We have Flight 701 leaving at 10:20, arriving at 8:20.

B : That's OK. Please book me on that flight.

A : Yes, Sir. May I have your name and telephone number?

Check Point

flight [flait] : 비행(trip by air). **reservations** [rèzərvéiʃən] : 예약계, 보류, 제한. **fly to** ~ : ~에 비행기로 가다. **reserve** [rizə́ːrv] : 예약하다, 보존하다, 보존, 예비. **perfect** [pə́ːrfikt] : 완전한, 결점없는. **book** : 예약하다, 기입하다.

상황 15 비행기 예약

A : 대한항공 예약계입니다.
도와드릴까요?

B : 내일 모레 하와이로 가는데 좌석을 예약할 수 있습니까?

1등석인가요? 2등석인가요?

2등석입니다.
[1등석으로 부탁합니다.]

A : 10시 20분에 떠나 8시 20분에 도착하는 701기편이 있는데요.

B : 좋아요. 그 비행기에 예약 합시다.

A : 네, 선생님 성함과 전화번호를 말씀해 주세요.

Situation 16 — Reconfirming

B : Hello, is this the Korean Air Reservations?

A : Yes, sir. May I help you?

B : This is Hong Yung-suk speaking.
I'm calling to reconfirm my reservation.

A : Date, sir?

B : August. 15th.

A : And the flight number, please.

B : The flight number is 701 to Hawaii.

A : Your name, please.

B : Hong Yung-suk

A : Just a moment.
OK. You're reconfirmed.

B : Thank you.

A : You're more than welcome.

Check Point

reconfirm [rìːkənfə́ːrm] : 재확인하다, 다시 확실하게 하다, 해두다. **I'm calling to ~** : ~하려고 전화했다. **a moment** [móumənt] : 잠시, 때, 기회, 요소, 순간. **be reconfirmed** : 재확인 되다.

상황 16 재확인하며

B : 여보세요. 거기가 대한항공 예약계 입니까?

A : 네, 말씀하세요.

B : 나는 홍영석이란 사람입니다.
비행기 예약을 재확인하려고 전화했습니다.

A : 날짜를 말씀하세요.

B : 8월 15일입니다.

A : 비행기 번호를 말씀하세요.

B : 하와이 행 701편입니다.

A : 성함은?

B : 홍영석입니다.

A : 잠시만 기다리세요.
네, 재확인 됐습니다.

B : 감사합니다.

A : 원 천만의 말씀을.

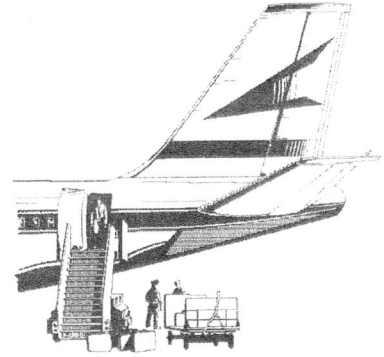

Situation 17 Showing The Way (1)

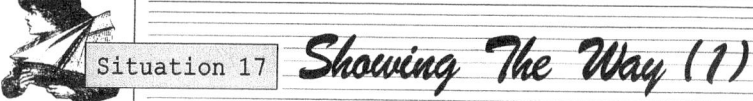

A : Excuse me. I'm lost.
I'm looking for the Central Hotel.
Can you tell me the way?

B : Yes, certainly.
Go straight and you'll come to a big intersection. Turn left and you'll find the hotel on the right-hand side.

A : Thank you for being so kind.

B : Not at all. Is this your first visit?

A : Yes, it is. I'm from Korea.
I'm on a sightseeing tour to this city.

B : Oh, is that so?
I hope you have a good tour.

A : Thank you. I'm sure I will.

Check Point

lost : 길을 잃은. look for~ : ~을 찾다. certainly [sə́ːrtnli] : (대답으로) 물론이지요, 확실히, 꼭. big intersection [ìntərsékʃən] : (도로의) 교차점, 네거리, 교차, 횡단. on a sightseeing tour : 관광여행 중. on : (운동의 진행·계속·목적의 뜻) ~의도 중에, 끊임없이, 계속해서, …차

상황 17 길 안내 (1)

A : 실례합니다. 저는 길을 잃었습니다.
쎈추럴 호텔을 찾고 있는데 길을 가르쳐 주시겠어요?

B : 그럼은요.
곧장 가시면 큰 네거리가 나옵니다.
왼쪽으로 도시면 오른쪽에서 찾으실 수 있습니다.

A : 친절히 대해 주셔서 감사합니다.

B : 원 별 말씀을. 이번이 처음이신가요?

A : 네, 그렇습니다. 저는 한국에서 왔습니다.
저는 이 도시에서 관광을 하는 중입니다.

B : 아, 그렇습니까?
즐거운 여행 되시기 바랍니다.

A : 감사합니다. 즐거운 여행이 될 것으로 확신합니다.

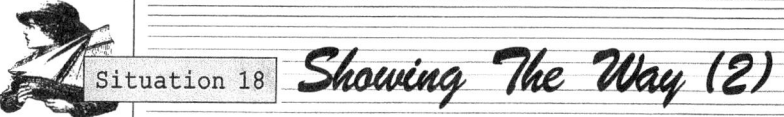

Situation 18 — Showing The Way (2)

A : Excuse me.
 May I have a word with you?

B : Yes.

A : I'm a stranger in this city.
 I'm trying to find a Korean restaurant.
 Can you help me?

B : Yes, certainly.
 You see that barbershop over there?
 Go pass it and the restaurant you are looking for is right behind it.

 [You see that super market with a big sign [truck] in front.
 Go pass the super market and the Korean restaurant you are looking for is next to the pay phone.]

 [The Korean restaurant you are looking for is that house with a big sign in front.]

A : Thank you so much.

B : You're welcome.

Check Point

stranger [stréindʒər] : 문외한, 외국인, 낯선 사람. find [faind] : 찾아내다. go pass : 지나가다. right behind : 바로 뒤. nex to~ : ~의 다음에, 거의 ~와 같다.

상황 18 길안내 (2)

A : 실례합니다.
무엇 좀 물어 볼 수 있습니까?

B : 네.

A : 저는 이 도시에 처음입니다.
한국 식당을 찾으려고 하는데 도와주실 수 있습니까?

B : 그럼은요.
저기 저 이발소가 보이시죠?
그 곳을 지나가시면 찾고 계신 한국 식당은 그곳 바로 뒤에 있습니다.

큰 간판이 붙어 있는 저 수퍼마켓 [앞에 큰 트럭이 있는 저 수퍼마켓]이 보이시죠.
그 수퍼마켓을 지나가시면 찾고 계신 한국 식당은 공중전화 다음에 있습니다.

[당신이 찾고 계신 한국 식당은 큰 간판이 붙어있는 저 집입니다.]

A : 대단히 감사합니다.

B : 천만에요.

Situation 19 At The Antique Shop

(A)

A : Good afternoon, sir.
　　May I help you?

B : No, thank you.
　　I'm just looking around.

A : My name is Bob. If you need any help, please call me.

B : Thank you.

(B)

A : Have you found what you are looking for?

B : Yes, how much is that China dish?

A : It's 20 dollars sir.

B : Oh! That's too much!
　　Is it a real antique? [Is that~?]

A : It's three hundred years old.
　　It's worth much more than the price.

B : OK I'll take it. Please gift-wrap it.

Check Point

look around : 둘러보다. **found** [faund] : find 찾아내다의 과거·과거분사. **real** [ríːəl] : 진짜의, 실제의, 현실의, 성실한. **worth** [wəːrθ] : 가치있는, 가치. **much more** : 훨씬 더 (많은, 많이). **gift-wrap** [gíftræp] : (장식된 종이·보자기·리본 따위로) 선물을 깨끗이 포장하다.

상황 19 골동품 점에서

(A)

A : 안녕하세요. 손님,
무얼 찾으십니까?

B : 아니요, 고마워요.
그냥 구경만 하는 겁니다.

A : 제 이름은 밥입니다. 필요한 것 있으시면 저를 부르십시오.

B : 감사합니다.

(B)

A : 찾으시는 물건은 있습니까?

B : 네. 저 사기 접시는 얼마죠?

A : 20달러입니다.

B : 야! 너무 비싸다.
그것[저것] 진짜 골동품입니까?

A : 300년이나 됐습니다.
가격보다 훨씬 값어치가 있습니다.

B : 좋습니다. 사겠습니다. 예쁘게 싸 주세요.

Situation 20 At The Department Store

(A)

A : Excuse me.
Can you tell me where the men's department is?
[Where is the men's department?]
[On what floor is the men's department?]

B : What are you looking for?

A : A pair of gloves and some ties.

B : They are sold on the third floor.
Take the elevator. [escalator]

A : Thank you but where can I find the elevator?

B : Well, go straight this way and it's on your right.

A : Thanks.

(B)

A : Can you tell me where the ladies' department is?

B : Take the escalator down one floor.

A : Thanks.

Check Point

a pair of~ : 한 켤레의. be sold : 팔다. go straight : 똑바로 가다. men's department : 남성부. ladies' department : 여성부. sold [sould] : sell 팔다의 과거·과거분사. straight [streit] : 똑바로, 똑바른, 일직선. department [dipάːrtmənt] : 부, 부문, 국, 성. escalator [éskəlèitər] : 자동 계단. elevator [éləvèitər] : 승강기 《영국》 lift.

상황 20 백화점에서

(A)

A : 실례합니다.
남성복부가 어디에 있는지 말씀해 줄 수 있습니까?
[남성복부는 어디에 있습니까?]
[남성복부는 몇 층에 있습니까?]

B : 무엇을 찾으십니까?

A : 장갑하고 타이입니다.

B : 3층에서 팝니다.
엘리베이터를 타세요. [에스카레이터]

A : 감사합니다만 엘리베이터는 어디에 가면 있나요?

B : 네, 이리로 똑바로 가시면 오른쪽에 있습니다.

A : 고마워요.

(B)

A : 부인복 판매부는 어디에 있습니까?

B : 에스카레이터를 타고 한 층 더 내려 가세요.

A : 감사합니다.

Situation 21: At The Tailor's And Dressmaker's

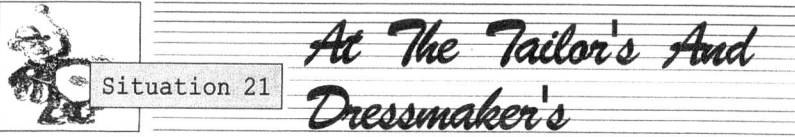

(TAILOR'S)

A : May I help you?

B : Well, I'd like to have a new spring-and-fall suit made.

A : We have a large selection of good material in various color.

B : This is exactly what I want.
Please take my measurements.

A : Yes, certainly.

(DRESSMAKER'S)

A : May I help you, ma'am?

B : I'd like to have a blouse made.

A : How do you like this material?
It looks very good on you.

B : This is beautiful. It's exactly what I want.
How long will it take to have it made?

A : Four days, ma'am.
Shall I take your measurements?

B : Yes, please.

Check Point

have+사물+made : ~을 맞추다. **spring-and-fall suit** : 춘추복. **selection** [silékʃən] : 정선품, 고른 것, 선택물, 선발, 선택, 발췌. **material** [mətíəriəl] : 재료, 감, 물질적인, 구체적인. **various** [véəriəs] : 여러 가지. **measurement** [méʒərmənt] : 치수, 측량, 측정법, 계량. **look very good on~** : ~에 대단히 잘 어울리다.

 **상황 21** 양복점 그리고 양장점에서

(양복점)

A : 어서 오세요. (무엇을 도와 드릴까요?)

B : 저, 새 춘추복 한 벌 맞추고 싶은데요.

A : 다양한 색깔에 좋은 감이 많이 있습니다.

B : 이것이 내가 바로 원하던 감이군요.
치수를 재 보세요.

A : 네, 알겠습니다.

(양장점)

A : 어서 오세요, 부인. (무엇을 도와 드릴까요, 부인?)

B : 블라우스를 맞추고 싶은데요.

A : 이 감은 어떠세요?
잘 어울리는데요.

B : 곱군요. 내가 바로 원하는 감이예요.
만드는데 얼마나 걸리지요?

A : 나흘 걸립니다, 부인.
잴까요?

B : 네, 부탁해요.

Situation 22 At A Drugstore

(A)

A : May I help you, sir?

B : Do you carry vitamins?

A : Which one would you like, vitamin B, C, E, or a multiple vitamin?

B : Frankly, I don't know much about vitamins.
They're not for me, anyway.
They're for my daughters.

A : In that case, let them try vitamin E.

(B)

B : What's good for the teethridge?
They're for me.

A : Please try vitamine C.
It'll be efficacious for it.

Check Point

gingival bleeding [ʤínʤəvəl, ʤinʤái- blí:diŋ] : 잇몸 출혈. scorbutus [skɔərbjú:təs] : 괴혈병(비타민 C의 결핍으로 잇몸 등에 피가 나고 심하면(악화하면) 빈혈, 심장쇠약을 일으키는 병. antiscorbutic [æntiskɔərbjú:tik] : 괴혈병약. miscarriage [miskǽriʤ] : 실패, 실책, 과실. abortion [əbɔ́ərʃən] : 유산. sterility, infertility [stəríləti, infərtíləti] : 불임증. muscle atrophy [mʌ́sl ǽtrəfi] : 근육의 위축. carry [kǽri] : (물품을) 가게에 두다, 팔고 있다, 지탱하다, 나르다. multiple [mʌ́ltəpl] : 복합의, 복식의, 다수의, 다수로 된, 여러 모양의. frankly [frǽŋkli] : 솔직히, 터놓고, 숨김없이. I don't know much about~ : ~에 대해 잘 모른다. in that case : 만일 그렇다면. try : 써보다. be good for~ : ~에 좋다, ~에 맞다, ~에 적합하다, ~에 도움이 된다, ~에 유효하다. teethridge [tí:θriʤ] : 잇몸. efficacious [efikéiʃəs] : 효험이 있는, 효과를 내는, 효능이 있는.

 상황 22 약국에서

(A)
A : 도와 드릴까요?

B : 비타민을 취급하십니까?

A : 비타민 B. C. E 또는 종합비타민 중에서 무엇을 원하십니까?

B : 솔직히 전 비타민에 대해서 잘 모릅니다.
여하간 내가 사용할 것이 아니고 딸들에게 줄 겁니다.

A : 그러시면 이걸 써 보시라고 하세요.

(B)
B : 잇몸에 무엇이 좋습니까?
내가 사용할 것입니다.

A : 비타민 C를 써 보세요.
효험이 있을 겁니다. [효과를 내는, 유효한, 효능이 있는]

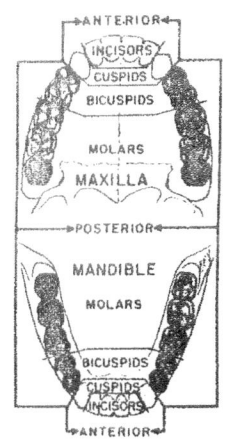

Situation 23 *Vitamins*

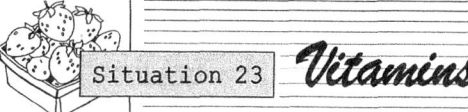

vitamin **A**(C_{20} H_{29} OH) : 채소·낙유제품·간유·어유·달걀의 노른자위 따위에서 발견되며 성장·상피 조직의 보호 야맹증의 예방에 필요.

vitamin **A**$_2$: 민물고기의 간유에서 얻음.

vitamin **B** : 비타민 B 복합체 또는 현재 vitamin B_1이라 부르는 것.

vitamin **B**$_1$(C_{12} H_{17} CIN_4 OS) : 곡식류·호두류·효모·동물·식물 중에서 발견됨. 항신경 염 항각기 요소.

vitamin **B**$_2$(C_{17} H_{20} N_4 O_6) : 성장을 촉진하는 요소·달걀·푸른 잎 whey 속에서 발견됨.

vitamin **B**$_6$(C_8 H_{11} NO_2) : 짐승·공기·물고기의 간장·맥아 따위에서 발견됨.

vitamin **B** complex : 비타민 B 복합체. 비타민 B_1, B_2, B_3, 등 10종의 요소를 포함.

vitamin **B**$_{12}$: 악성 빈혈증에 유효한 비타민. 대개 $C_{61\text{-}64}$ $H_{86\text{-}92}$ O_{13} N_{14} PC_0의 조성이 있는 적색 물질·간장 등에 많이 포함됨.

vitamin **C**(C_6 H_8 O_6) : 신선한 과실 특히 밀감류·토마토·채소 따위에 많으며 또한 동물성 제품에도 있음. 항괴혈병 요소.

Check Point

vitamin [váitəmin] : 1920년대 초까지 vitamine으로 썼음.
ergosterol [əːrgástəròːl] : 자외선을 쬐면 비타민 D로 변화
biotin [báiətin] : 비타민B 복합체의 결정성 비타민
menadione [mènədáioun] : ($C_{11}H_8O_2$) 비타민 K_3의 명칭, 합성적으로 얻을 수 있는 비타민 K의 작용이 있는 황색의 결정).
folic acid [fóulik ǽsid] : 엽산 (빈혈의 특효제).

상황 23 비타민

vitamin **D** : 항구루병요소

vitamin **D₁** : ergosterol의 자외선을 쬠으로써 얻을 수 있음.

vitamin **D₂**($C_{28}H_{43}OH$)

vitamin **D₃** : 자연물 속에 있는 비타민 D. 물고기의 간유 속에서 발견되며 D_2와 분자의 구조가 약간 다름.

vitamin **D₄** : $C_{26}H_{41}O$의 조성에 있는 비타민 D의 일종. 그 작용은 비타민 D_2 D_3과 같음.

vitamin **E** : 유산을 방지. 식물의 잎 맥아유 속에 있음. 이것이 부족하면 불임증이나 근육의 위축을 일으킴.

vitamin **F**=vitamin **B₁**

vitamin **G**=vitamin **B₂**

vitamin **H** : biotin의 옛 이름

vitamin **K** : 항출혈요소. 녹엽·채소·토마토·어육에서 발견되며 K_1, K_2의 두 형태가 알려져 있음.

vitamin **K₁**($C_{31}H_{46}O_2$) : 채소의 잎·쌀겨·돼지의 간장 따위에서 발견되며 혈액의 응고를 촉진.

vitamin **K₂**($C_{40}H_{54}O_2$) : 비타민 K_1과 아주 비슷한 화합물.

vitamin **K₃**=menadione

vitamin **L**[M]=folic acid

vitamin **P** : 레몬의 즙속에서 vitamin C와 함께 발견됨. 모세혈관의 출혈에 대한 저항을 촉진시킨다고 생각되고 있음.

vitamin **X** : vitamin E의 옛 이름.

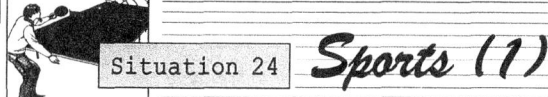

Situation 24 — Sports (1)

A : Do you take any exercise?

B : Yes, I walk for exercise.
I like light exercise.
What sports do you like?

A : Football, baseball, and basketball.

B : They seem to be everybody's favorites.

A : How about you?
Do you like any of those?

B : Yeah, they're alright.
Do you like to play, or do you like to watch?

A : I only enjoy watching.
I wanted to be a football player but I was not tall enough so I ended up being a spectator.

B : And a good one at that.

Check Point

exercise [éksərsàiz] : 운동, 연습, 행사, 사용, 연습하다, 행사하다. **favorite** [féivərət] : 특히 좋아하는 물건, 마음에 드는 사람, 인기있는 사람, 좋아, 매우 좋아하는. **alright** [ɔ́ːlráit]=**all right** : 만족한, 나무랄데 없는, 훌륭한, 흐뭇한 무사한, 틀림없이, 어김없이. **end up** : 마지막에는 ~이 되다, 마침내 ~에 이르다, 끝나다, 한 쪽 끝을 위로 하여. **spectator** [spéktèitər] : 구경꾼, 목격자, 방관자. **at that** : 그 점에서, 말할 것도 없이, 게다가, 그나마. **all rifht** : 좋아, 오케이(Yes, Okay), (반어로) 좋다, 만족하게, 나무랄데 없이, 훌륭하게.

상황 24 운 동 (1)

A : 어떤 운동 하십니까?

B : 네, 나는 운동삼아 걷습니다.
나는 가벼운 운동을 좋아합니다.
무슨 운동을 좋아 하십니까?

A : 축구, 야구 그리고 배구지요.

B : 그 운동들은 누구나 다 좋아하는 것 같군요.

A : 당신은 어때요?
그 중 어느 것도 안 좋아하세요?

B : 아뇨, 다 괜찮아요.
경기하기를 좋아하세요? 또는 그냥 구경하기를 좋아하세요?

A : 그냥 구경하기를 좋아합니다.
축구 선수가 되고 싶었는데 충분히 키가 크지 못해서 결국 구경하는 사람이 되고 말았지요.

B : 구경꾼 치고는 일류군요.

Situation 25 Sports (2)

A : I like football very much.
As a kid, I dreamed of becoming a football hero but I wasn't right for that. So I gave up.

B : I'm afraid you were not tall enough.

A : You're right.
Incidentally, people all over the world are buzzing with the World Cup games being held in France.
I hope the Korea team will reach [go into] the finals.

B : The Korea team had a game of play against the Mexico team but sad to say, lost the game 3 to 1.

A : It's a matter for regret.

Check Point

hero [híːrou] : 영웅. be not right for~ : ~에 적합하지 않다. give up : 포기하다, 그만두다, 단념하다. incidentally [ìnsədéntəli] : 덧붙여 말하면, 하는 김에(말하면), 부수적으로, 수반하여, 우연히, 뜻밖에. buzz [bʌz] : (사람이) 와글와글 떠들다, (장소가) 웅성거리다, 바쁘게 돌아 다니다, 전화를 걸다. reach the finals : 결승에 진출하다. have a game of play : 한 판 승부시합을 하다. against : 상대로. lost the game : 지다. a matter for regret : 아까운 일, 유감스러운 일, 후회스러운 일.

상황 25 운 동 (2)

A : 나는 축구를 무척 좋아합니다.
어릴 때에는 축구 영웅이 될 꿈을 꾸었었지만 적합하지 않아서 포기 했었죠.

B : 충분히 키가 크지 못했던 것 같은데요.

A : 옳은 말입니다.
말이 나온 김에 덧붙여 말씀드리면, 전세계 사람들이 프랑스에서 열리고 있는 WORLD CUP 경기 때문에 와글와글 떠들고 있습니다. 한국팀이 결승에 진출했으면 좋겠어요.

B : 한국팀은 맥시코 팀을 상대로 한판 승부 시합을 했지만 아깝게도 3 : 1로 지고 말았습니다.

A : 아까운 일입니다.

Situation 26 *Invitation*

A : I'd like to invite you to our home for dinner, Bob.

B : Oh, thank you, Hong.

A : Are you free on Saturday evening?

B : Let's see.
   I'm afraid I have an appointment on Saturday evening.

A : Then, how about Sunday evening?

B : That would be fine.

A : Could you come at 7?

B : Yes, I'm looking forward to it.

A : So are we.

B : Good. See you then.

Check Point

I'd like to+동사 원형~ : 나는 ~하기 원합니다. **Let's see.=Let me see.** : 글쎄, 어디 보자, 그런데, 가만 있어. **I'm afraid** : 미안하지만, 유감스럽지만, 아무래도. **appointment** [əpóintmənt] : 시간과 장소를 정한 약속, 임명, 관직, 지정. **look forward to** : 즐거운 마음으로 기다리다, 학수고대하다. **then** : 그 때. **invite** [inváit] : 초대하다, 간청하다, 유혹하다.

상황 26 초 대

A : 저희 집에서 저녁 식사를 하시도록 초대하고 싶습니다, 밥.

B : 오, 감사합니다, 홍.

A : 토요일 저녁에 틈이 있으신가요?

B : 글쎄요.
어쩌지요, 토요일 저녁에 약속이 있습니다.

A : 그러면 일요일 저녁은 어떻겠어요?

B : 그 때가 좋을 것 같아요.

A : 7시에 오실 수 있겠어요?

B : 네, 즐거운 마음으로 기다리겠습니다.

A : 우리도 그러겠어요.

B : 좋습니다. 그때 만나뵙겠어요.

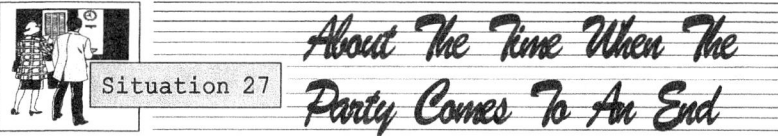

About The Time When The Party Comes To An End

A : Would you like another cup of coffee?

B : No, thanks, Hong.
It's getting kind of late.
I've had a fantastic evening.

A : Oh, are you leaving already?

B : I'm afraid I have to go.
Thank you very much, for inviting me, Hong.

A : You're more than welcome, Bob.
Please come again.

B : Thank you, but next time why don't you come over to our home, okay?

A : Thank you, I will.
Be careful driving home.
Too bad Mrs. Ross couldn't come.
Please say hello to her for me.

B : Thank you, I will.
Good night, Hong.

A : Good night, Bob.

Check Point

another cup [ənʌ́ðər kʌp] : 또 한 잔. would you like~ : ~을 원하십니까? get late : 늦어지다. kind of : 약간, 어느 정도. fantastic [fæntǽstik] : 굉장한, 공상적인, 기묘한. leaving : leave 떠나다의 현재분사. already [ɔːlrédi] : 이미, 벌써. more than~ : ~이상으로, 더할 나위 없이. why don't you~ : ~하세요. Be careful+동사ing~ : 조심해서 ~하세요. Be careful going home. : 조심해서 집에 가십시요.

상황 27 파티가 끝나갈 무렵

A : 커피 한 잔 더 드시겠어요?

B : 그만하겠어요, 홍.
좀 오래 머물렀던 것 같습니다.
저는 즐거운 저녁을 보냈습니다.

A : 아니, 벌써 가시려구요?

B : 가 봐야 되겠습니다.
홍, 초대해 주셔서 대단히 감사합니다.

A : 밥, 원 천만의 말씀을. 또 오세요.

B : 감사합니다.
그러나 다음 번에는 우리 집에 오십시오. 괜찮으시겠지요?

A : 감사합니다. 그렇게 하지요.
집에까지 조심해서 운전해 가십시오.
Mrs. Ross께서 못 오셔서 섭섭했습니다.
저 대신 안부 좀 전해주십시오.

B : 감사합니다. 그러죠
안녕히 주무세요, 홍.

A : 잘 가세요, 밥.

Situation 28 Job Interview (1)

(A man with glasses interviews a young man who applies for an empty position in his company.)

A : So you're interested in our company.

B : Yes, sir.

A : What do you know about our company?

B : Since I'm a trade major, I've kept reading articles about companies that are related with my field.

A : Have you brought a letter of recommendation from one of your professors?

B : Yes, here you are.
I think Prof. Brown phoned you yesterday concerning my application.

A : Yes, I remember.
We requested him to recommend one or two of his students.

B : So I hear.

Check Point

apply for~ [əplái] : ~에 신청하다, ~에 지원하다. **be interested in~** [íntristid] : ~에 흥미가 있다. **empty position** [émpti pəzíʃən] : 빈 자리. **since** : ~이므로, ~이라서, 그 후, ~이래로. **a trade major** : 무역 전공생. **keep reading** : 계속해서 읽다, **keep + 동사ing =** 계속해서 ~하다. **articles** [ɑ́ɑrtikl] : 기사, 물품, (문법) 관사. **be related with~** : ~와 관련되었다. **recommendation** [rèkəmendéiʃən] : 추천, 천거, 권고. **concerning~** : ~와 관련하여. **application** [æ̀pləkéiʃən] : 지원, 신청, 적용, 응용. **request** 사람 **to** 동사~ : ~에게 ~해 달라고 요청하다.

상황 28 취업 면접 (1)

(안경을 낀 남자가 그녀 회사에 취직을 지원한 청년 한 사람을 면담하고 있음.)

A : 그래, 젊은이가 우리 회사에 관심이 있다고?

B : 네, 선생님.

A : 우리 회사에 대해서 무엇을 알고 있나요?

B : 제가 무역 전공생이라 제 분야와 관련된 회사에 대한 기사는 주욱 계속 읽어왔습니다.

A : 그래, 교수에게서 받은 추천서는 가져 왔나요?

B : 네, 여기 있습니다.
브라운 교수께서 어제 전화를 거셔서 제 지원에 관해서 말씀하셨으리라 생각하는데요.

A : 그래요. 기억하고 있어요.
우리는 그 분께 학생 한두 명을 추천해 달라고 요청했었지요.

B : 그렇게 듣고 있습니다.

Situation 29 Job Interview (2)

A : Young man, how was your school record?

B : Quite frankly, I wasn't the top or the second but belonged to the upper ten percent of my class.

A : We are not so particular about grades but as to what they stand for.
We take into account motivations and abilities to cope with difficult situations.

B : I see.

A : Are you married?

B : No, I'm single.
I don't want to marry until I'm economically stabilized.

A : I admire that spirit.
But it may take years.

Check Point

be particular [pərtíkjulər] about dress(as to what one eats) : 의복(음식)에 까다롭다. take particular trouble(notice) : 적지 않은 수고를 하다. (각별히 주의하다.) grade average [greid ǽvəridʒ] : 평균 성적. quite [kwait] : 아주, 전연, 완전히, 거의. belong to ~ : ~에 속하다, ~의 것이다. the upper ten percent~ : 상위 10퍼센트. particular [pərtíkjulər] : 특별한, 특수한, 특유의, 독특한, 현저한, 뚜렷한, 상세한, 정밀한. as to~ : ~에 관하여, ~에 대해서. what : (…하는) 것 『바』(선행사를 포함한 관계대명사). stand for : ~을 나타내다, ~에 대신하다. take into account : 참작하다, 고려하다. motivation

상황 29 취업면접 (2)

A : 젊은이, 학교 성적은 어떠했나?

B : 솔직히 말씀드려서, 일이등은 못했습니다.
하지만 제 반에서 상위 10퍼센트 안에는 들었었습니다.

A : 우리는 점수에 대하여가 아니라 점수가 나타내는 바에 각별해요.
어려운 경우에 대처해 나갈 동기와 능력을 참작하는 것입니다.

B : 잘 알겠습니다.

A : 결혼 했나요?

B : 아뇨, 미혼입니다.
경제적으로 안정이 될 때까지는 결혼하고 싶지 않습니다.

A : 그 정신 좋습니다.
하지만 오랜 시일이 걸릴 거예요.

Check Point

[mòutəvéiʃən] : 동기를 주기, 자극, 유도, 행동의 동기를 주기. **cope with~** : 잘 대처하다, 수습하다, 잘 대항하다. **difficult situations** : 어려운 경우, 어려운 처지, 어려운 상황. **settle oneself** : 주거를 정하다, 생활을 안정시키다. **financially** [finǽnʃəli] : 재정적으로, 재정상. **admire** [ədmáiər] : 감탄하다, 탄복하다, 칭찬하다. **spirit** [spírit] : 정신, 영혼, (복수) 알콜. **be particular about~** : ~에 까다로운, 꼼꼼한, 괴팍한. **so**(=very) **get into trouble financially** : 재정적으로 곤란에 빠지다. **stabilize** [stéibəlàiz] : 안정시키다, 고정시키다, 안정장치를 하다, 안정되다, 고정되다. **take** [teik] : 걸리다.

Situation 30 : Staying At An American Hotel

A : I'd like to have a single room.

B : I'm sorry. All our singles are occupied. We could let you use a double.

A : How much would it be?

B : Here's one on the top floor at 20 dollars.

A : Do you have anything less expensive?

B : Well, there's one on the third floor back. It doesn't have any view. 15 dollas.

A : O.K. I'll take it. It will do.

B : All right. Please register here.

A : I'd like to pay my bill. Hong. Room thirteen.

B : Certainly. Here you are. Sixty dollars.

A : Here's sixty.

B : Thank you.

Check Point

be filled up : 차 있다. let ~ have : 쓰도록 허락하다. the top floor : 맨 윗층. less expensive : 덜 비싼. less [les] : (little의 비교급) 보다 적은, 보다 적은 양, 보다 적게, 더 적게, 보다 덜. view [vjuː] : 경치, 광경, 조망, 전망, 경치의 그림, 풍경화, 풍경 사진. register [rédʒistər] : 등록하다, 기록, 등록기. pay~ bill : 계산하다, 지불하다. Here you are. : (찾는 물건·원하는 물건을 내놓으면서) 자아 여기 있습니다. bill [bil] : 계산서, 어음, 목록, 새의 부리.

상황 30 미국의 호텔에 묵을 때

A : 독방에 묵고 싶습니다.

B : 죄송합니다. 독방은 만 원입니다. 2인용의 방을 쓰시도록 해 드릴 수 있습니다.

A : 그것은 얼마입니까?

B : 맨 윗층에 20달러 짜리 방이 있습니다.

A : 좀더 싼 방은 없습니까?

B : 글쎄요. 3층의 뒤쪽 방이 있습니다.
전망은 그다지 좋지 않아요. 15달러입니다.

A : 좋아요. 그것을 씁시다. 그거면 될 거예요.

B : 알았습니다. 여기에 등록해 주십시오.

A : 숙박료를 지불하겠습니다. 홍입니다.
13호실입니다.

B : 알겠습니다. 여기 있습니다. 60달러입니다.

A : 자, 60달러입니다.

B : 감사합니다.

Dining Out In The United States

A : Can I help you?

B : Yes, I have reservations for four.
Mr. Hong Yung-suk.

A : Yes, sir. Right this way.
Would you like to order now?

B : No, we'll have another round of drinks and then order. Four more of the same.

A : Yes, sir.

B : Waiter, we'd like to order now.

A : Yes, sir.

B : We all want the sirloin-steak dinner.
French fried potatoes, Onion soup, Tossed salad.

A : How would you like your steaks?

B : Medium for everyone except me.
I'd like mine rare.

A : Yes, sir.

Check Point

dine out [dain aut] : 외식하다(=eat out). have reservations for~ : ~에 예약되어 있다. right this way : 바로 이쪽. another round : 전원(일동)에게 또 한번 돌아갈 만한 양(술 따위). sirloin [sə́ːrlɔin] : 소의 허리 상부의 고기. fried : 기름에 튀긴. tossed salad [tɔ́ːst sǽləd] : 토스트 샐러드. medium [míːdjəm] : 보통의, 중간의, 중간, 매개(물). except [iksépt] ~을 제외하고는, 제외하다. rare [rɛər] : 설익은, 덜익은, 드믄, 진기한, 희박한, 무척, 굉장히, 퍽.

상황 31 미국에서 외식을 할 때

A : 도와 드릴까요?

B : 네, 네 사람의 예약을 해두었는데요.
홍영석입니다.

A : 네, 알겠습니다. 손님. 이쪽으로 오세요.
지금 주문 하시겠습니까?

B : 아닙니다. 한 잔씩 더 마신 뒤에 주문하겠어요.
지금 것과 같은 것으로 네 잔 더 가져 오세요.

A : 네, 손님.

B : 웨이터, 주문을 좀 하려고 합니다.

A : 네, 손님.

B : 우리 모두에게 썰로인 스테이크 디너를 주세요.
그리고 프렌치 후라이의 포테이토와 둥근 파 스프와 셀러드를 주세요.

A : 스테이크는 어느 정도로 굽는 것이 좋겠습니까?

B : 나 이외는 모두 보통으로 하고 내 것은 설익은 것으로 해 주세요.

A : 네, 알겠습니다.

Situation 32 Visiting American Homes

A : Well, we're very glad you could come over tonight.

B : Thanks for inviting me.

A : Make yourself at home.
What have you been doing lately?

B : Nothing much. Just studying pretty hard. I've got to keep up with my American classmates.

A : Yes, but that shouldn't be too difficult for you.
What would you like to drink before dinner?

B : Well, what do you have?

A : Anything you can make with gin or scotch.

B : I'll have a martini, then.

A : O.K.

Check Point

awfully [ɔ́ːfəli] : 대단히, 심하게, 무섭게. lately [léitli] : 요즘, 최근에. nothing much : 별로 없는, 대수롭지 않은. pretty hard [príti haərd] : 상당히, 꽤 열심히. keep up with : ~에 따라가다, ~에 낙오되지 않다. should : [확실성·가능성 있는 미래](틀림없이) ~일 거다. gin [dʒin] : 화주(노간주나무(juniper)의 열매에 향료를 타서 증류한 일종의 화주. scotch [skɑtʃ] : 스코틀랜드 산 위스키. martini [mɑərtíːmi] : 베르못·진 따위의 혼합주. of nothing comes nothing : 무에서 유는 생기지 않는다. shouldn't be too~ : 그다지 ~하지는 않을 거다. too : ~도 또한, 너무나, 지나치게, 매우, 대단히, 무척.

상황 32 미국의 가정을 방문 할 때

A : 오늘 밤 나와 주서서 대단히 감사합니다.

B : 초대해 주서서 아주 고맙습니다.

A : 편안히 앉으세요.
요즘 무엇을 하고 계십니까?

B : 별로 없어요. 그저 매우 열심히 공부하고 있습니다. 미국의 학우들을 따라가야만 할테니까요.

A : 그렇겠군요. 그러나 뭐 그리 어렵지 않겠지요, 뭐.
식사 전에 무엇을 좀 마시겠습니까?

B : 에, 또, 무엇이 있습니까?

A : 진이나 스카치로 할 수 있는 것이면 무엇이든지.

B : 그럼 마티니를 마시겠습니다.

A : 좋습니다.

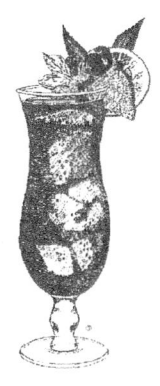

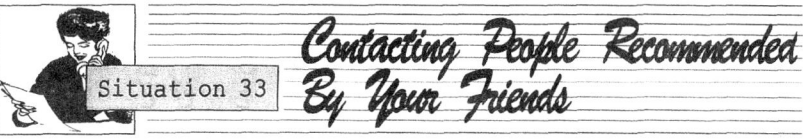

Situation 33 — Contacting People Recommended By Your Friends

A : Hellow.

B : Hellow. Is this Mrs. Smith?

A : Yes, it is.

B : Probably you don't know me, but I'm a friend of Robert Brown's.

A : Oh, yes.

B : I knew Robert in Korea. My name is Ki-soo Kim. I'm here as an exchange student. Robert told me to look you up.

A : I see. Well, we'd be pleased to meet you.
Can I have your phone number?
I'd like to speak to my husband and arrange a time to have you over.

B : I'd appreciate it if you would.
You can reach me at Dorm. 0077.

A : All right. I'll give you a call soon. Thank you for calling.

B : Thank you. Good-by.

A : Good-by.

Check Point

contact [kántækt] : 연락하다, 접촉하다, 교섭, 접촉. recommand [rèkəmǽnd] : 추천하다, 권고하다. I'm afraid : 아무래도, 미안하지만, 유감스럽지만. exchange student : 교환 학생. look ~ up : 방문하다, (사전 등을) 찾아 보다, 조사하다, 돌려다 보다. be delighted to~ : ~해서 기쁘다. delight [diláit] : 기쁘게 하다, 기뻐하다, 기쁨, 환희. arrange [əréindʒ] : 합의를 보다, 정돈하다, 배열하다, 결정하다, 결말 짓다, 조정하다. have 사람 over : 모시다. reach [riːtʃ] : ~와 연락하다, 닿다, 도착하다, 뻗침. give ~ a call : ~에게 전화하다. arrange : 준비하다, 조처하다, 계획을 짜다, 협정하다.

상황 33
친구로부터 추천받은 사람을 만나게 될 때

A : 여보세요.

B : 여보세요. 스미스 부인이십니까?

A : 네, 그렇습니다만.

B : 아마 저를 모르시리라 생각됩니다만, 저는 로버트 부라운의 친구입니다.

A : 오, 그러세요.

B : 한국에서는 로버트와 알고 지냈습니다. 저는 김기수라고 합니다. 교환 학생으로 미국에 와 있습니다. 로버트에게서 당신을 찾아가 뵈라더군요.

A : 알겠습니다. 만나뵙게 되니 기쁜 일입니다.
전화번호를 주시겠습니까?
남편과 이야기해서 모실 [와 주실] 시간을 정할까 합니다.

B : 그래 주시면 감사하겠습니다.
돔, 0077로 연락하실 수 있습니다.

A : 좋습니다. 곧 전화하겠습니다.
전화 주셔서 고맙습니다.

B : 감사합니다. 안녕히 계십시오.

A : 안녕히 계십시오.

Situation 34 — Something About American Geography (1)

A : America is really an interesting country, isn't it?

B : Yes, you can find just about anything.
Take California for example, you can go skiing in the mountains in the morning and swimming the same afternoon.

A : I hear the southwest still as wild as it appears in cowboy movies.

B : In some places, yes.
There are great stretches of desert and rocklands where almost no one live.

A : I can't wait to see the open desert and rocklands.

Check Point

n. **stretch** [stretʃ] : 뻗은 범위, 한도, (거리, 시간의) 길이, 기지개, 몸을 펴기.
   a long stretch of time : 오랜 기간.
   a long stretch of white beach : 길게 뻗은 백사장.
vi. **stretch** : 늘어나다, 뻗어있다, 퍼지다, 기지개를 켜다, 몸·팔·다리를 펴다.
   with a stretch and a yawn : 기지개를 키며 한바탕 하품을 하고.
geography [dʒiágrəfi] : 지리학, 지세, 지리. **interesting** [íntristiŋ] : 재미있는, 흥미있는. **find** [faind] : 찾아내다, 깨닫다. **ocean** [óuʃən] : (the~) 대양. **the Southwest** [sàuθwést] : 미국 서남지방(Arkansas, Oklahoma, Texas, New Mexico, Arizona 및 California 남부 따위를 포함). **still** [stil] : 아직, 고요한, 고요하게 하다. **as wild as~** : ~와 같은 정도로 황량한, ~만큼. **appear** [əpíər] : 나타나다, 도착하다, 출연하다. **stretcher** [strétʃər] : 뻗은 범위, 뻗은 길이. **desert** [dézərt] : 사막, 황무지. **rockland** [ráklænd] : 암석 땅. **where** : 관계부사로 선행사가 장소일 때, ~한. **almost** [ɔ́:lmoust] : 거의 (nearly), 대체로. **no one** : 아무도 (한 사람도) ~않다.

 상황 34　**미국의 지리에 대하여 (1)**

A : 정말 미국은 재미있는 나라이군요?

B : 네, 모든 것이 거의 다 있어요.
가령 캘리포니아 주에서 오전 중은 산으로 스키를 타러 가고 같은 날 오후에는 수영하러 갈 수 있습니다.

A : 남서부는 카우보이 영화에 나오는 것처럼 아직도 황량하다던데요?

B : 몇몇 지방에서는 그렇습니다.
거의 아무도 살고 있지 않은 광대한 사막이라든지 암지가 있습니다.

A : 넓은 사막과 암지를 빨리 보고 싶군요.

| Situation 35 | 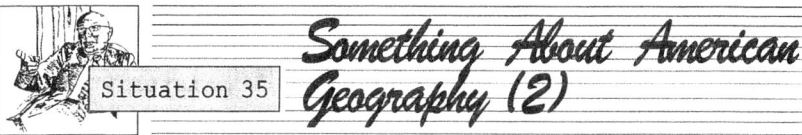 Something About American Geography (2) |

A : I've heard that there are a few luxury resorts in the deserts.

B : That's right. Palm springs, California is famous for its luxurious hotels and its entertainment.
It's worth visiting.

A : If you were going to live in the United states,
What section would you pick?

B : Well, that's a difficult question to answer.
There are a lot of nice places.
I like your open fields, wide views, broad streets and your spacious houses.

Check Point

luxurious [lʌgzúəriəs, lʌkʃúər- | lʌgzjúər-] : 사치스러운, 호화로운. **a luxurious table** : 호화로운 식사. **luxuriously adv.** : 사치스럽게, 호화롭게. **I've heard~** : ~를 들어왔다. (have+과거분사=계속용법) **entertainment** [èntərtéinmənt] : 대접, 환대, 연회. **what section** : 어느 지방. **pick** [pik] : 골라내다, 쑤시다, 찍다. **section** [sékʃən] : 구역, 지방, 부분 절개, 절단, 해체하다, 베기, 자르기(cutting), 베어낸 부분, 벤 조각, 얇은 조각. **luxury** [lʌ́kʃəri] : 사치, 호화, 사치품, 쾌락.

상황 35 미국의 지리에 대하여 (2)

A : 사막 가운데에 두세 곳의 사치스러운 유흥장이 있다고 들었습니다.

B : 맞습니다. 캘리포니아의 팜 스프링즈는 호화로운 호텔과 오락 시설로서 유명합니다.
가 볼만 합니다.

A : 만일 당신이 미국에서 산다고 하면,
어떤 곳을 선택하시겠어요?

B : 글쎄요. 그건 대답하기가 힘든 질문이군요.
좋은 곳이 많으니까요.
저는 당신 나라의 넓은 들, 넓은 조망, 넓은 도로 그리고 넓다란 집들이 좋습니다.

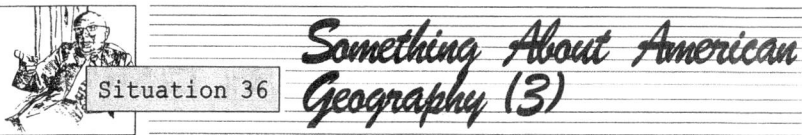

Situation 36: Something About American Geography (3)

A : Well, What's one for instance?

B : Northern Wisconsin or Michigan are very nice in the summer. Cool, open fields, lots of small lakes, good fishing, swimming and wide views.

A : Would you like to live there permanently?

B : No, I don't think so.
The winters are terrible.
Lots of snow and extremely low temperature.
In the winter, I'd want to be in Florida.
Perfect climate during the winter.

Check Point

well [wel] : 저, 그럼, 글쎄. instance [ínstəns] : 보기, 예, 실증, 예를 들다. lost of~ : 잔뜩. a lot of~ : 많은. northern [nɔ́ərðərn] : 북에 있는, 북쪽의. permanently [pə́ːrmənəntli] : 영구적으로, 불변으로. terrible [térəbl] : 무서운, 굉장한, 호된. extremely [ikstríːmli] : 극단적으로, 극도로. low temperature [lóu témpərətʃùər] : 저온. perfect climate [pə́ːrfikt kláimət] : 더할 나위 없는 기후. well, now, there, ah, uh : 글쎄 (불확실, 주저, 의심, 비난). for instance : 예컨대, 이를테면.

상황 36 미국의 지리에 대하여 (3)

A : 그럼 하나 예를 들면 어디인가요?

B : 위스컨신 주 북부라든지 미쉬간 주는 여름에는 아주 좋습니다. 시원하고, 탁 트인 들과 많은 작은 호수들, 낚시할 곳과 수영도 할 수 있는 곳 그리고 탁 트인 조망이 있습니다.

A : 그 곳에 영주하고 싶습니까?

B : 아녜요, 그렇게는 생각하지 않아요.
겨울에는 몹시 추우니까요.
눈이 많이 오고 기온이 몹시 내려갑니다.
겨울에는 플로리다 주에서 살고 싶어요.
겨울 동안 더할 나위 없는 기후이지요.

Situation 37 — Something About American Geography (4)

A : Well, is there any ideal place to live all year round?

B : I don't think there's any ideal place.
But one or two area in California comes pretty close.

A : What's that?

B : Along the California central coastline around Monterrey.
The weather is mild all year around.

A : I wish I could live there permanently.

Check Point

Isn't there any~ : ~가 없습니까? ideal [aidíːəl] : 이상적인, 관념적인, 이상. all year round : 일년 내내. suppose [səpóuz] : 상상하다, 추측하다. area [éəriə] : 지역, 지방, 면적, 범위. come pretty close : 꽤 가깝다. along [əlɔ́ːŋ] : ~을 따라(서). central [séntrəl] : 중앙의, 중심부의, 중심의, 가장 중요한, 중부의. coastline [kóustlain] : 해안선. around [əráund] : 근방에, 주위에. comfortable [kʌ́mfərtəbl] : 기분 좋은, 안락한. Monterrey [mántəréi] : 멕시코 동북부의 도시; 인구 330,000.

상황 37 미국의 지리에 대하여 (4)

A : 그럼 일년 내내 살기에 이상적인 장소가 있습니까?

B : 이상적인 장소는 없다고 생각합니다.
그러나 캘리포니아주의 한두 지역은 이상에 꽤 가깝습니다.

A : 그 곳은 어느 곳 입니까?

B : 캘리포니아주의 동부 해안으로 몬트레이입니다.
일년 내내 온화한 기후입니다.

A : 거기서 영원히 살았으면 좋겠는데.

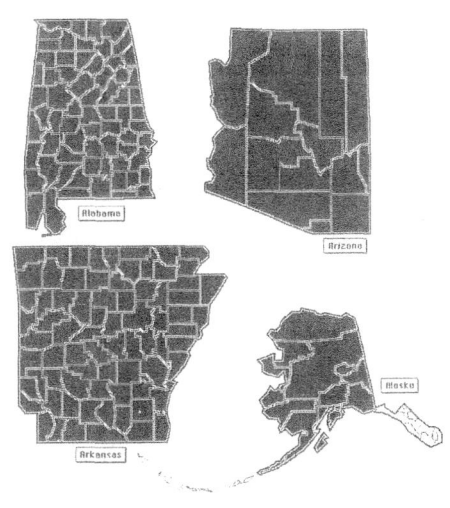

Situation 38 — How Did You Get There?

A : So you went to Sorak Mountains last weekend?
How did you get there?

B : I went with three friends by my new car.
We each took turns driving.

A : That must have been great fun.
But wasn't the traffic terrible?

B : No.
We left Seoul on Friday night to avoid it.

A : So you got there well ahead of most other people.

B : Yes, we had the whole place almost to ourselves.

A : The climing must have been breathtaking.
Did you camp in the mountains?

B : Yes.

A : Did you leave early again to avoid the traffic jam?

B : No, we left there late.

Check Point

so [sou] : 그러니까, 그리하여, 그렇게, 그러므로, 저런! 됐어! each [i:tʃ] : 각자, 제각기, 각자의, 개개의. take turns : 교대하다, 번갈아 하다. must have been~ : ~이었겠네. (과거의 긍정적 추측) fun [fʌn] : 장난, 놀이, 재미. traffic [træfik] : 교통, 왕래, 거래하다. You see : 아시다시피, 물론, 아시겠지만, 글쎄, 그것 봐요, 말씀드리겠는데. avoid [əvɔ́id] : 피하다, 달아나다. well ahead of~ : 훨씬 앞서서. to ourselves : 우리 자신들에게만(독차지하고). trails [treil] : (산 속의) 오솔길, 배 지나간 자국, 자국, 질질 끈 자국, 지나간 자국. camp [kæmp] : 야영, 캠프, 야영하다. I'll bet : 틀림없이. make a bet : 내기를 하다. (lose a bet : 내기에 지다. win a bet : 내기에 이기다.) traffic jam : 교통체증. bet [bet] : (돈을) 걸다, 내기, 내기에 건 돈. I'll lay you a bet. : 너와 내기를 하겠다. (a heavy bet : 큰 내기. a paltry bet : 작은 내기).

상황 38 어떻게 가셨는데요?

A : 그러니까 지난 주말에 설악산에 가셨다고요?
어떻게 가셨는데요?

B : 새 자동차로 세 친구와 함께 갔습니다.
차례로 운전을 했습니다.

A : 그것 참 매우 재미 있으셨겠군요.
교통이 몹시 복잡하지 않았어요?

B : 아니요.
그걸 피하느라 우린 금요일 밤에 서울을 떠났어요.

A : 그러니 대부분의 사람들보다 훨씬 앞서서 그 곳에 도착하셨겠군요.

B : 네, 그 곳 전체를 우리들이 차지하다시피 했지요.

A : 등산이 기가 막혔었겠군요.
산에서 야영을 했습니까?

B : 그랬습니다.

A : 교통체증을 피하려고 일찍 떠나셨습니까?

B : 아니오, 거기서 늦게 떠났습니다.

Situation 39 — Fasten Your Seat Belt

(In an airplane)

A : Excuse me.
Would you fasten your seat belt?

B : Oh, yes.

A : When the sign is on, you should return to your seat and fasten your seat belt.
Would you put out your cigarette, please?

B : Sure. I'm sorry, I wasn't paying attention to the sign.

Do you know the time difference between Seoul and London?

A : I sure do.
You'll be eight hours younger by the time you get to London.

When the sign is off, you may unfasten your seat belt and smoke.

Check Point

fasten [fǽsn] : 단단히 고정시키다, 잠기다. **sign** [sain] : 지시판, 부호, 기호, 서명하다, 신호하다. **is on** : (불·등불이) 켜지다, 들어오다. **return** [ritə́ːrn] : 돌아가(오)다, 돌려주다, 복귀. **put out** : (불) 끄다, 내놓다, 발표하다, 출항하다. **pay attention to~** : ~에 주의하다. **time differance** : 시간차. **by the time** : ~쯤에는. **off** : (수도·가스·전기 따위가) 끊어져서, (전기) 스위치가 열리어, 끊어져, 중단되어. **unfasten** [ʌnfǽsn] : 풀다. **attention** [əténʃən] : 주의, 배려, 돌봄.

상황 39 — 자리 띠(안전 벨트)를 매십시오

(비행기 속에서)

A : 실례 합니다.
자리 띠(안전벨트)를 매주시겠습니까?

B : 아, 네.

A : 저 지시판에 불이 켜지면 자리로 돌아오셔서 자리띠를 매주십시오.
담배불도 꺼 주시겠습니까?

B : 네, 미안합니다. 저 표시판에 주의를 않고 있었습니다.
서울과 런던 사이의 시간차를 아십니까?

A : 물론 알고 있습니다.
런던에 기착할 때 쯤이면 8시간 더 젊어지실 겁니다.
저 지시판에 불이 나가면 자리띠를 풀으시고 흡연하셔도 좋습니다.

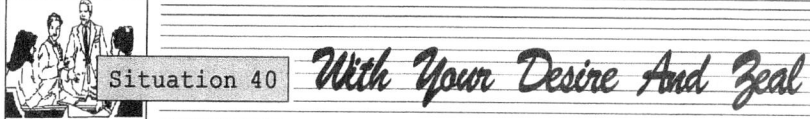

Situation 40 *With Your Desire And Zeal*

A : How's your new work?

B : I'm busy with my work.

A : With your background and experience, you can handle things enough.

B : How's your work? Are you busy?

A : It keeps me busy. More than busy.

B : With your desire and zeal, you can make a good example to others.
I'm sure you'll put up a good show.

Check Point

How's~ : ~은 어떤가. **new work** : 새 직장. **background** [bǽkgráund] : 학력, 경력, 경험, 출신 성분, 배경, 원경. **experience** [ikspíəriəns] : 경험, 체험, 경험 내용, 체험한 일, 경험하다. **handle things** : 일을 처리하다. keep+목+목표 : 어떤 위치·관계·상태에 두다, …하여 두다, 유지하다. **desire** [dizáiər] : 욕구, 욕망, 갈망, 정욕, 희망, 요구, 몹시 바라다, 욕구하다, 원하다. **zeal** [ziːl] : 열성, 열의, 열중, 열심. **make a good example** : 모범이 되다. **example** [igzǽmpl] : 모범, 본보기, 견본, 표본, 보기, 예, 실례. **put up a good show** : 훌륭히 해내다, 훌륭히 처신하다. **a good show** : 훌륭한 업적.

 **상황 40** 자네의 의욕과 열의면

A : 새 직장은 어떤가?

B : 일이 바쁘네.

A : 자네 학력과 경험이면 충분히 일처리 할 수 있겠지.

B : 직장 생활은 어떤가? 바쁜가?

A : 바쁘네. 바쁜 정도가 아니지.

B : 자네의 의욕과 열의면 남들에게 모범이 될 수 있다네. 자네가 훌륭히 해낼 것으로 확신하네.

Situation 41 — I Couldn't Ask For Anything More

A : Honey, my heart is too full to get to sleep tonight. I couldn't ask for anything more.

B : When a bed is changed, you know you won't get to sleep.

A : I know. We've moved into the new apartment.

B : We've obtained a new car.

A : And you got a raise.

B : You're expecting a new baby.
So I was hopping you'd say that.

Check Point

honey [hʌ́ni] : 여보, 당신, 귀여운 사람, 벌꿀, 멋진 것, 훌륭한 것, 달콤한, 감미로운. heart [hɑərt] : 가슴, 기분, 심장, 염통, 마음, 감정, 심정, 애정, 동정심. too~ to~ : 너무나 ~해서 ~할 수 없다. get to sleep : 잠을 이루다. ask for : ~을 필요로 하다, …을 찾아오다, 물건을 청하다, 요구하다. be changed : 바뀌다. won't=will not : 의례 ~하지 않다(필연적), 한사코 ~않다(고집·거절). move into~ : ~로 이사하다. obtain [əbtéin] : 얻다, 손에 넣다, 획득하다, 몹시 원하는 것을 노력하여 손에 넣다. get a raise : 승급되다. expect [ikspékt] : 기대하다, …을 예기(예상)하다, 기다리다. you'd=you would : 당신이 ~할 것으로. raise [reiz] : 승급, 가격 인상, 증가, 올림, 올리다, 들어올리다, 승진·진급시키다. when : 면.

상황 41 더 이상 바랄 것이 없어요

A : 여보, 오늘 밤 너무 가슴이 벅차서 잠이 안 오네요. 난 더 이상 바랄 것이 없네요.

B : 잠자리가 바뀌면 으레 잠이 안오는 법이요.

A : 알고 있어요. 우린 새아파트로 이사했죠.

B : 새 차도 구입해 놨고.

A : 그리고 당신 봉급도 인상됐구요.

B : 당신은 둘째를 낳을 거고, 그래서 나는 당신이 그런 말 나오길 바랬지.

Situation 42 — Things Are Not Always What They Seem

A : How are you getting along with the foreign buyer?
You're standing a show.

B : It's slow in progress.

A : Slow but sure. Try, try again. Snooze, you lose.

B : I know my limitations.

A : Things are not always what they seem.
Why not try to get through and make some sense so you can form a business connection.

B : I'll take your advice.

Check Point

get along with~ : ~을 진척시키다. foreign buyer [fɔ́ːrin báiər] : 외국인 구매인. in progress [in prágrəs] : 진행중. sure [ʃuər] : 틀림없는, 확실한, 확신하는, 안전한, 든든한. snooze [snuːz] : (특히 낮에) 졸다, 선잠, 앉아 졸다, 낮잠, 빈들빈들 시간을 보내다. lose [luːz] : 잃다, 상실(분실)하다, 길을 잃다, 볼(들을) 기회를 놓치다. know one's limitations : 자기 분수를 안다. be not always : 반드시 …하지 않다. What they seem : 물정이 생각되어지는 것(they=things 물정). Why not : 어떤 일을 제안하여 동사의 원형과 함께 …하면 어떤가. limitations [lìmətéiʃən] : 한도, 한계(지능·능력 등의). get through : 생각 등을 이해시키다, 서로의 마음을 통하다. make some sense : 뜻이 통하다, 이치에 닿다, 의미있는 대화를 나누다. form a business connection : 사업 관계를 맺다. take one's advice : ~의 조언을 받아들이다. stand a show=have a show : 역량을 보일 기회가 있다.

상황 42 겉과 속은 다른 법

A : 외국인 바이어 문제는 어떻게 진척시키고 있나?
자네 역량을 보일 기회네.

B : 진척이 없네.

A : 늦더라도 착실히 하게. 칠전팔기일세. 차 지나간 다음에 손 흔들지 말게.

B : 나는 내 분수를 아네.

A : 겉과 속은 다른 법이네.
사업 관계를 맺기 위해 자네의 생각을 이해시키고 마음이 서로 통하도록 노력해 보게.
[의미있는 대화를 나누어 보게.]

B : 조언을 받아 들이겠네.

Situation 43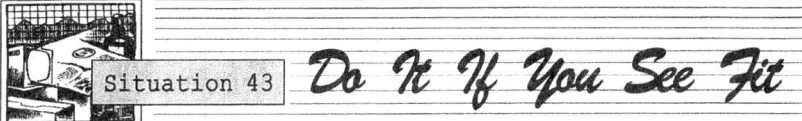

A : So you two are that way.

B : Come on! It's not your style.
You're off the point.

A : Something tells me you're dating.

B : We're not in on this date.
I don't want to be in for that.

A : Miss Kim will be in for it, when my brother hears about it.

B : There're no two ways about it.
Go and see the boss for yourself, if you don't believe me.
Do it if you see fit to find out about it.

Check Point

be that way : 뜨거운 사이다, 그렇고 그런 사이다. **Come on!** : 이거 왜 이러냐, 제발, 자 가자, 자 덤벼라, 자, 빨리빨리(명령·항변·간청의 말투). your style : 너다운. off the point : 알아 맞춤, 추측이 틀린. something tells me~ : 어쩐지 …하게 생각되다. be not in on : ~에 관계가 없다, 비밀 등에 관여·관계가 없다. be in for that : 달갑지 않은 일에 말려들다. be in for it : (벌) ~을 면할 수 없다, 어쩔 도리 없게 되다, 야단 맞다. hear about it : 그 상황을 듣다. for yourself : 스스로, 자기 힘으로, 자기를 위하여. believe [bəlíːv] : 믿다, …라고 생각하다, 여기다, 신·종교를 믿다. see fit : …하는 게 좋다고 본다. find out : 진상을 알아내다. if you see fit to+v, : 만일 …하는 것이 좋다고 보면.

상황 43 좋다고 생각되면 그렇게 해 보게

A : 그러니까, 두 분이 뜨거운 사이시라.

B : 왜 이러나, 자네 답지 않네.
추측이 틀렸네.

A : 어쩐지 두 분이 데이트 중이라 생각되어서요.

B : 우리는 이 데이트에 관계가 없네.
달갑지 않은 일에 말려들고 싶지 않거든.

A : 김양께선 나의 형님이 상황을 들으면 면하기 어려우실텐데.

B : 당연하지. 두 말할 것도 없지.
내 말을 믿지 못하겠거든 직접 가서 사장을 만나보게.
진상을 알아내는게 좋다고 생각되면 그렇게 해보게.

Situation 44 — You Look Easy Today

A : You're looking as fresh as a flower today.

B : You look easy today.

A : I feel refreshed.
How's your money making?

B : About the same.

A : What's WON. DOLLAR exchange rate?

B : U.S one dollar makes 1,300 won in terms of Korean money.

A : Apart from interests between you and I.
I want to have a human relations.
I want to take up business with you.

B : Let's go into details later.

A : I'm glad of it.

Check Point

look~ : ~하게 보이다. easy [íːzi] : 마음 편한, 안락한, 쉬운, 편한, 편안한, 안일에 빠진, 방종스러운, 너그러운. as~ as~ : ~와 같은 정도로, 만큼. fresh [freʃ] : 신선한, 새로운, 상쾌한, 선명한. refresher [rifréʃər] : 기분이 상쾌한(feel refreshed 기분이 상쾌하다). money making : 돈벌이. exchange rate [ikstʃéindʒ] : 환율. make : 되다. apart from~ : ~을 떠나서. interest [íntrist] : 흥미, 흥미를 끌게 하다, 이자, 감동, 관심, 중요(성), 중대(성), 이익. human relations [hjúːmən riléiʃən] : 인간다운 관계. take up business with~ : ~와 장사를 하다. go into details : 자세한 이야기를 하다. later [léitər] : 나중에.

상황 44 오늘 여유 있어 보입니다

A : 오늘 꽃처럼 신선해 보이는군요.

B : 오늘 여유있어 보이시네요.

A : 기분이 상쾌합니다.
돈벌이가 어떠십니까?

B : 늘 그렇습니다.

A : 환율이 어떻게 됩니까?

B : 1달러는 한국 돈으로 환산하여 1,300원이 됩니다.

A : 당신과 나 사이에 이해 관계를 떠나서 인간다운 관계를 맺고 싶습니다.
당신과 장사를 하고 싶습니다.

B : 나중에 자세한 이야기를 나눕시다.

A : 그것 기쁜 일이군요.

Situation 45 *I Wish My English Were Better*

A : I'm trying to develop an interest in studying English.
I wish my English were better.

B : You'll have to keep trying until your English is put into shape.

You'll soon get into your stride.

A : Thank you.
At this rate, it could take months or years.

B : You have to count up to ten.
Rome was not built in a day, you know.

A : You are frank and easy [open-hearted]
Do you like our open-door policy?

B : Of course.

Check Point

I wish+주어+could~(were~) : ~하면 좋겠는데(좋으련만). I'm trying to~ : ~하려고 노력하고 있다. develop [divéləp] : 개발하다, 발전시키다. interest [íntrist] : 취미. (develop an interest : 취미를 붙이다) keep trying : 계속해서 노력하다. (keep+동사ing는 계속 ~하다) put into shape : 틀이 잡히다. get into~ stride : 궤도에 오르다, stride [straid] : 활보, 큰 걸음으로 걷다. at this rate : 이래가지고는, 이런 식으로는, 이렇게. it : 시간을 뜻하는 비인칭 주어. take : 시간이 걸리다. count up to ten : 참다, 급한 마음을 억누르다. was built : 지어졌다, (build-built-built) 짓다. frank and easy : 성격이 개방적인. open-door-policy [óupən dɔər púləsi] : 개방정책.

상황 45 영어를 잘 하면 좋으련만

A : 나는 영어 공부에 취미를 붙이려고 노력하고 있습니다.
영어 실력이 좋으면 좋으련만.

B : 당신의 영어가 틀이 잡힐 때까지 계속 앞으로 노력하셔야 됩니다.
당신은 곧 궤도에 오를 것입니다.

A : 감사합니다.
이렇게 가다가는 몇 달이고 또는 몇 년이고 걸리겠어요.

B : 급한 마음을 억누르세요. [참으셔야 돼요.]
하루 아침에 되지 않습니다.

A : 당신은 성격이 개방적이시군요.
우리의 개방정책이 마음에 드십니까?

B : 물론이지요.

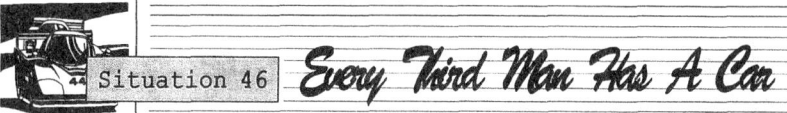

Situation 46 — Every Third Man Has A Car

A : You're looking very good this morning.

B : I got up in the morning feeling grand.

A : What a nice car you have!
What make is it?

B : It's a Hyundai.
Every third man has a car these days.

A : Do you like sliced raw fish?
My wife slices raw fish very well.
Do you want to eat some?

B : I sure do.
Do you like sushi, Japanese vinegared rice delicacies?

A : Of course.
You're making my mouth water.

Check Point

feel grand : 굉장히 좋은 기분이다. what+a+형용사+명사 : (감탄문으로) 참으로. what make : 어느 회사 제품(What model은 어느 나라 제품). a+회사 명칭 : 그 회사 제품. every third man : 세 사람 중 하나. these days [ðiːz deiz] : 요즘, 근래(nowadays). slice [slais] : 엷게 저민, 썰은. raw fish [rɔː fiʃ] : 회, 날 생선. vinegared [vínigərd] : 식초를 친 (vinegar 식초). delicacies [délikəsi] : (delicacy의 복수) 맛있는 것, 진미, 정교·정밀, 섬세, 우미, 우아, 교상. water : 군침이 돌다. grand [grænd] : 유쾌하기 짝이 없는, 멋들어진, 훌륭한, (풍체·복장) 어연번듯한, 위엄 있는, 기품이 있는, 저명한, 점잖은 체 하는, 고매한, 숭고한, 으쓱거리는, 뽐내는, 거만한 (self-important, lofty, haughty).

상황 46 세 사람 중 하나는 차를 가지고 있다

A : 오늘 아침 대단히 기분 좋게 보이십니다.

B : 아침에 일어나니 아주 근사한 기분이었습니다.

A : 참 좋은 차를 갖고 계시군요!
어느 회사 제품인가요?

B : 현대회사 제품입니다.
요즘은 세 사람 중 하나는 차를 가지고 있습니다.

A : 회를 좋아 하십니까?
부인이 회를 잘 칩니다.
좀 드시겠습니까?

B : 정말 먹고 싶군요.
당신은 스시를 좋아하십니까?

A : 물론이지요.
군침 돌게 하시는 군요.

Situation 47: We're Going To Have Another Hot Day

A : It's hot today.
I'm doing a lot of perspiring.

B : So am I.
The wind has died down.
It looks like rain.

A : Yes, it looks like a shower.
I hope it showers. [a round]

B : What did the weather man say?

A : He said it would be cloudy with occasional showers.

B : I hope so.
No wonder it's sultry. [muggy]

A : The summer [air] is now at its hottest.

B : We're going to have another hot day.

Check Point

be going to~ : ~할 것이다(추측), ~할 예정이다(예정), ~에 간다(현재진행 · 미래). **do perspiring** : 땀을 흘리다. **perspire** [pərspáiər] : 땀이 나다, 발한하다. **died down** [daid daun] : (die down의 과거) 빛 · 소리 따위가 사라져 버리다(fade). **weatherman** : 관상대원. **cloudy** [kláudi] : 흐린, 구름이 낀, 몽롱한, 혼탁한. **occasional** [əkéiʒnəl] : 때때로의, 이따금의. **no wonder** : 어쩐지, 놀랄 것이 없다. **sultry** [sʌ́ltri] : 무더운, 몹시 불쾌한. **muggy** [mʌ́gi] : 습기가 많고 무더운, 찌는 듯이 더운(damp and close). **at its hottest** : 가장 더운 때에. (hot-hotter-hottest) **look** [luk] : 보어 또는 부사구(절)와 함께, ~인 듯한 눈치 · 표정을 하다, ~으로 보이다, ~이라고 생각되다, ~인 듯 싶다. **a round** : 한바탕. **another** [ənʌ́ðər] : 또 하나의, 제2의, 다른, 딴. **damp** [dæmp] : 축축한, 습기찬, 습기, 물기, 안개, 수증기, vt. 축축하게 하다. vi. 축축해지다. **close** [klouz] : 날씨가 무더운, 답답한, 공기가 무거운, 방 등에 바람이 잘 통하지 않는.

상황 47 오늘도 덥겠습니다

A : 오늘 덥습니다.
땀이 많이 나네요.

B : 저두요.
바람이 잦습니다.
비가 올 것 같습니다.

A : 소나기가 쏟아질 것 같습니다.
한 소나기 왔으면 좋겠어요. [한바탕]

B : 관상대원은 무엇이라 하던가요?

A : 흐리고 가끔 소나기가 올 거라고 했습니다.

B : 그랬으면 좋겠어요.
어쩐지 날씨가 무덥더라니. [후덥지근]

A : 지금이 한창 더울 때입니다.

B : 오늘도 덥겠습니다.

Situation 48 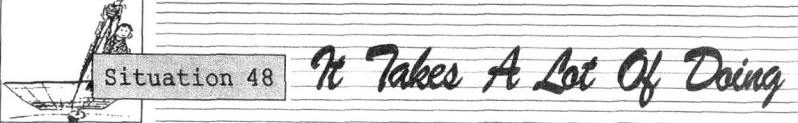 It Takes A Lot Of Doing

A : Excuse me.
What country are you from?

B : I'm from America.

A : Oh, you are.
I'm Yung-suk Hong.
I'm doing business here.
What line are you in?

B : I'm a soldier.
I'm with the Headquarters of Eighth U.S Army.
I've been a soldier going on 20 years.

A : What's your rank?
Sergeant major.

B : I'm in label and vinylbag business.
It takes a lot of doing.

B : Do you mind if I smoke?

A : No, I don't mind [Not at all. Certainly not]

Check Point

take : (it를 주어로 장소·시간·노력) 들다, 필요로~, 잡다, 갖고 가다, 타다, 먹다. make a (no) stranger of~ : ~을 쌀쌀하게 (정답게) 대하다. do business : 사업을 하다. what line : 무슨 사업(what line of business의 줄인 말). headquarters [hédkwɔ̀ərtərz] : 사령부, 본부, 본사, 본영. I've been a+신분~ : 나는 ~신분으로 지내오고 있다. rank [ræŋk] : 계급, 나란히 서다. going on : 거의. sergeant major [sáərdʒənt méidʒər] : 특무상사. Do you mind if 주어+동사~ : ~해도 좋습니까? Mind(you)! : 알겠나! 잘 들어둬! be from~ : ~에서 오다, ~의 출신이다, ~이 고향이다.

 상황 48 여간 힘드는 일이 아닙니다

A : 실례합니다.
어느 나라에서 오셨습니까?

B : 미국에서 왔습니다.

A : 아, 그러시군요.
나는 홍영석이라 합니다.
여기서 사업을 하고 있습니다.
무슨 직업에 종사 하십니까?

B : 나는 군인입니다.
나는 미 8군 사령부에 있습니다.
군인생활 한지는 20년 됩니다.

A : 계급은 어떻게 되십니까?
인사계입니다. (특무상사)

B : 저는 라벨, 비닐백 사업을 하고 있습니다.
여간 힘드는 일이 아닙니다.

B : 담배 피워도 괜찮겠습니까?

A : 좋습니다. 어서 피세요.

Situation 49 — There's A Storm Warning Out

A : I love the ocean.
I don't get seasick. I'm a good sailor.
Traveling by ship is so romantic.

B : That goes for me, too.
I feel the same way.

A : So I'm planning to go to Hong-do by boat.
Would you like to join me?

B : Sounds good.
I can't wait to get on the ship.
I love the motion of the ship on the waves.
When are you going?

A : This weekend.

B : Too bad.
Ther's a storm warning out for the weekend.
I don't think you fixed on an auspicious day.

A : You're right.

Check Point

storm [stɔərm] : 폭풍(우), 격정, 급습, 강습하다. warning [wɔ́ərniŋ] : 경보, 경종. ocean [óuʃən] : (the~) 대양. get seasick : 배 멀미를 하다. sailor [séilər] : 선원, 수병, 해군 군인. romantic [rouméntik] : 낭만적인, 공상적인. I'm planning to+동사~ : 나는 ~할 것을 계획하고 있다. I can't wait to+동사~ : 나는 빨리 ~하고 싶다. the motion of~ : ~의 움직임, 몸짓·동작. the ship on the waves : 파도를 타는 배. Too bad=That's too bad.=It's a pity. : 그것 참 안 됐군. fix on~ : ~으로 결정하다, ~을 택하다, ~을 고르다. auspicious [ɔːspíʃəs] : 행운의, 경사로운.

상황 49   폭풍 주의보가 내렸어요

A : 저는 바다를 아주 좋아합니다.
배 멀미를 안 합니다. 배를 잘 탑니다.
배로 여행하는 것은 아주 낭만적입니다.

B : 나도 그렇게 생각해요.

A : 그래서 배로 홍도에 갈 계획입니다.
같이 가시겠어요?

B : 좋게 생각됩니다.
빨리 배에 타고 싶군요.
저는 배가 파도를 타고 움직이는 것을 좋아합니다.
언제 가십니까?

A : 이번 주말에요.

B : 안 됐군요.
주말에 폭풍 주의보가 내렸어요.
좋은 날을 잡으셨다곤 생각하지 않습니다.

A : 맞습니다.

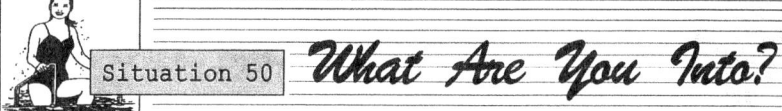

Situation 50 — What Are You Into?

A : I feel like getting off with her.

B : Did she get through college?

A : Yeah, she got through college.

B : Did you ask her what she is into?

A : She's into aerobics and she likes to get about.

B : You've been into those, haven't you?
What a match made in heaven!

Check Point

feel like+~ing : …하고 싶어지다. get off with~ : …와 친해지다. get through college : 대학을 나오다. be into~ : …에 관심을 가지고~, ~에 열중하여, ~에 흥미가 있다. aerobics [εəróubiks] : 에어로빅스. get about : 여기저기 여행하다, 돌아다니다, 소문이 퍼지다, 열심히 일하다, 앓은 후 걸을 수 있게 되다. You've been into… : …에 죽 흥미가 있어 왔다(지금도 있고), 현재완료. those [ðouz] : that의 복수; 앞에 쓴 명사 대신 그것들, 그들, 그 사람들. what : (감탄문에서) 참으로, a match made in heaven : 천생배필. match [mætʃ] : 결연, 결혼, 짝, 한쌍의 한쪽, 경쟁상대, 호적수, 어울리는 배우자. yeah [jεə, jε, jæː] : 응(미국 구어; yes). made in heaven : 하늘에서 맺어준. get through : …을 통과하다, 목적지에 도달하다, 어려운 때를 타개해 나가다, 시간을 보내다, …을 마치다, 끝내다, 시험에 합격하다, 의회 등을 통과하다, 돈 등을 다 써버리다, 전화 등이 연락이 되다, 생각 등을 이해시키다, 이해되다, …을 통과시키다, 합격시키다, 의안 등을 통과시키다.

상황 50 어떤 것에 흥미가 있나?

A : 그녀와 친해지고 싶어진다.

B : 대학을 나왔나?

A : 응, 대학을 나왔어.

B : 무엇에 흥미를 가지고 있는지 물어봤나?

A : 에어로빅에 흥미가 있고, 여기저기 여행하는 걸 좋아 하지.

B : 너 그전부터 그것들에 흥미가 있어 왔지. 그렇지?
참 천생연분이네!

Situation 51 Guidance (1)

A : Excuse me.
This subway map is confusing.
This one goes to Dong-daemun?

B : Yes, you're on the right train.
Go five more stops.
Please get your ticket out of this machine.
Here comes your train.

A : Thank you for being so kind.

B : You're welcome.

A : Excuse me.
I'm afraid I'm on the wrong bus.
This bus goes to Seoul Grand Park?

B : No. Get off and try number 37.
It'll take you there.
Take the bus on the other side.
Hope you take the right bus.

A : Thank you.

Check Point

confusing [kənfjúːziŋ] : 혼란시키는 (듯한), 헷갈리는. **the right train** : 올바른 열차. **stops** : 정류장. **get~ out of~**=**get A out of B** : B에서 A를 구입하다, 빼다. **You're welcome** : 천만에요, 별 말씀을. **the wrong bus** : 잘못 탄 버스. **try** : 타보다, 해보다, 시도하다, 시험삼아 ~해 보다. **take** : 데리고 가다, 모시고 가다. **on the other side** : 반대편, 길 맞은 편쪽. **Seoul Grand Park** : 서울대공원.

 **상황 51** 길 안내 (1)

A : 실례합니다.
이 지하철 안내도는 뭐가 뭔지 모르겠어요.
이것이 동대문행 입니까?

B : 제대로 타셨습니다.
다섯 정거장 더 가세요.
이 기계에서 지하철표를 구입하세요.
여기 타실 차가 오네요.

A : 친절히 해주셔서 감사했습니다.

B : 천만에요.

A : 실례합니다.
제가 버스를 잘못 탄 것 같습니다.
이 버스가 서울 대공원에 갑니까?

B : 아니오. 내려서 37번을 타시면 그 버스가 그 곳으로 갑니다.
맞은편에서 타세요. (길 건너 맞은 편에서.)
바른 버스를 타시길 바랍니다.

A : 감사합니다.

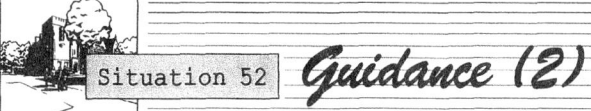

Situation 52 Guidance (2)

A : Excuse me.
Do you know where the KAL office is?

B : Why don't you take a taxi?

A : I thought I'd like to try the subway train.

B : Go ahead you'll enjoy it.

A : How many stops before that?

B : Go five more stops.

A : Excuse me.
Where's the taxi stop?
[Is there a taxi stop around here?]

B : Right across from where we are standing.
[Yes, there's one over there.]

Check Point

I thought I'd like to~ : ~해 봤으면 했다. **Why don't you~** : ~하세요. **how many stops** : 몇 정거장. **taxi stop** : 택시 타는 곳. **right across from** : ~에서 바로 길 건너. **Where we are standing** : 우리가 지금 서 있는데. **around here** : 이 근방에.

 **상황 52** 길안내 (2)

A : 실례합니다.
대한항공이 어디에 있는지 아십니까?

B : 택시를 타시지 그러세요.

A : 지하철을 타고 싶었거든요.

B : 그러시죠, 뭐. 괜찮을 겁니다.

A : 몇 정거장인가요?

B : 다섯 정거장 더 가세요.

A : 실례합니다.
택시 정류장이 어디 있나요?
[이 근방에 택시 타는 곳이 있습니까?]

B : 우리가 서 있는 바로 길 건너입니다.
[네, 저쪽에 있습니다.]

Situation 53 Guidance (3)

A : Excuse me.
I'm looking for a Korean restaurant.
I was told there's Korean restaurant near here.

B : Yes, go to that corner and turn left.
[Go pass the supermarket and turn right.]

A : How will I recognize it?

B : There's a big sign in front.

A : Thank you.
I'm sorry. I'm taking your time.

B : No problem.

A : Excuse me.
Can you tell me where the Korean Embassy is?

B : It's straight down this street, but it's a long way.

A : What's near?

B : There's a super market with a big sign in front.

Check Point

I'm looking for~ : 나는 ~을 찾고 있다. I was told : 나는 들었다. (be+과거분사=수동태) I have been told : 나는 ~을 들어왔다. go pass~ : ~을 지나가다. recognize [rékəgnàiz] : 인정하다, 확인하다. take~ time : 남의 시간을 빼앗다. embassy [émbəsi] : 대사관, 사절. straight down : 똑바로, 곧장 아래에. a long way : 한참 가야 하는 길. near [niər] : 가까이, 가까이에, 가까운, 친밀한, 접근하다.

상황 53 길안내 (3)

A : 실례합니다.
한국 식당을 찾고 있습니다.
근처에 있다고 들었습니다만

B : 코너로 가서서 왼쪽으로 도세요.
수퍼마켓을 지나 오른쪽으로 도세요.

A : 식당 건물을 어떻게 알아보죠?

B : 앞에 큰 간판이 있습니다.

A : 감사합니다.
시간을 뺏고 있어 죄송합니다.

B : 괜찮습니다.

A : 실례합니다.
한국대사관이 어디에 있습니까?

B : 이 길로 똑바로 가시면 있는데 멉니다.

A : 근처에 무슨 건물이 있습니까?

B : 앞에 큰 간판이 있는 수퍼마켓이 있습니다.

Situation 54: I Wanted To Ask You Out

A : Have you gone swimming lately?

B : No. I've been too busy.

A : Why don't we go this weekend?

B : I'd like to.

A : Shall we say Sunday?

B : O.K. Let's start early.

A : Are you busy tonight?

B : No, what did you have in mind?

A : Let's go see the performance.

B : Sounds good.

A : Well, I wanted to ask you out.

B : Why didn't you say so?
I'll be sure to come.

[then and there · earlier]

Check Point

ask 사람 out : 데이트 신청하다. Have you gone~ : (have+과거분사=경험, ~해본 적이 있나). lately [léitli] : 최근에, 요즘. go+동사ing : ~하러 가다. too : 너무. Why don't we~ : 우리 ~하는 게 어때, 우리 ~하지. performance [pərfɔ́rməns] : 공연, 연극, 흥행물, 주악 수행, 연기, 공적, 실행, 동물의 재주. sounds : ~으로 들리다, 여겨지다, 생각되다, 보이다. I'll be sure to~ : 틀림없이 ~할게, 꼭 ~하지. say [sei] : …이라고 말하다, 가정하다; [명령법] 가정하라, …이라면 [삽입구처럼 쓰여] 말하자면, 예를 들면, 글쎄, 저어, 그러니까.

상황 54 데이트 신청하고 싶었습니다

A : 최근에 수영하러 갔었습니까?

B : 아니오. 계속 너무 바빴었습니다.

A : 이번 주말에 가는게 어때요?

B : 가고 싶습니다.

A : 일요일이 어때요?

B : 좋아요. 일찍 출발하죠.

A : 오늘밤 바쁜가요?

B : 아니오. 무슨 계획이 있었나요?

A : 공연을 보러 갑시다.

B : 좋은 말씀이군요.

A : 저 데이트 신청하고 싶었습니다.

B : 진작 그렇게 말씀하시지 그랬어요?
틀림 없이 가지요.

[진작·좀더 일찍]

Situation 55 — What'll We Do?

A : Some of us are going to the mountains tomorrow.
Want to join us?

B : Is there room for me?

A : Yes, there is.
How about you?

C : I never have any free time.
I'm taking five subjects.

A : That's a lot to learn.

B : I'll be sure to join you next time.

A : What'll we do today? [tomorrow]

B : We'll decide in the morning.
I'll call you first thing in the morning.

B : Call me at 9.

Check Point

of us : 우리 중. come along! : 자 이리와! 자 빨리! room [ru:m] : 방, 여지, 탈 자리, 방을 차지하다. How about~=what about~ : ~는 어때. never~ any : ~전혀 ~않다, 전연 ~없다. take~ subjects : ~과목을 수강하다. (a) lot : 다량, 많음, 비교급 앞에서는 훨씬, 더욱, 영화 촬영장, 놈·자식·제비·제비뽑기·추첨. I'll be sure to~ : 나는 꼭 ~한다. decide [disáid] : 결정하다, 해결하다, 판결하다. first thing in the morning : 일어나자마자, 맨 먼저. join [dʒɔin] : 합류하다, 결합하다, 참가하다, 한패가 되다, 축에 끼다, 입대하다.

상황 55 우리 뭘 할까?

A : 우리들 몇이서 내일 산에 갈 예정입니다.
같이 가시렵니까?

B : 제가 탈 자리가 있습니까?

A : 네, 있어요.
당신은요?

C : 저는 시간이 전혀 나질 않아요.
다섯 과목을 수강하고 있어요.

A : 많은 것을 배우시네요. 힘 드실텐데요.

C : 다음번엔 꼭 같이 갈께요.

A : 내일 무얼할까?

B : 내일 아침에 결정하자.
아침에 일어나자마자 맨 먼저 전화할게.

A : 아홉시에 전화해.

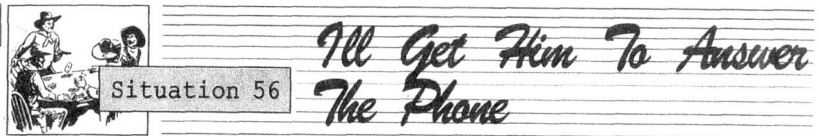

Situation 56 — I'll Get Him To Answer The Phone

A : I could hardly wait till you called.
I'd like to drop by.

B : Come on over.
What time are you coming over?
I'll be there by four and keep you company.

A : I'll be expecting you.
Mr. Kim came by here for a while.
We'll find something to do tonight.

B : I'll be right over.
May I speak to your big brother?

A : I'll see if he is around.
If he is I'll get him to answer the phone.

B : Thanks.

Check Point

I could hardly : 거의 ~할 수 없었다. drop by : 들르다. over : 저쪽(이쪽)으로, 넘어서, 넘어로, ~의 위로, 도처에. by : ~까지는, 옆에. keep you company : 함께 있어주다. expect [ikspékt] : 올 사람을 기다리다, 기대하다, ~이라고 생각하다. a while : 잠시. be right over : 바로 가다. speak to~ : ~와 전화 통화하다. if : (명사절) 인지, 아닌지. (부사절) 만일 ~면. hardly [háərdli] : 거의 ~아니다, 간신히. drop by [drɑp bai] : 불쑥 (비공식적으로) 들르다. stop by=stop in : 들르다, 방문하다. answer the phone : 전화를 받다. 「get+목적어+부정사보어」 : …하게 하다, …하도록 설득하다, 권하여 …하게 하다.

상황 56 바꿔 드리겠습니다

A : 당신이 전화할 때까지 기다릴 수가 없었어요.
들를까 하는데요.

B : 오세요.
몇 시에 오시겠습니까?
4시까지 가서 함께 있어 드릴께요.

A : 기다리고 있겠습니다.
김씨가 잠깐 여기에 들렀었습니다.
오늘 밤에 할 수 있는 일을 찾아 봅시다.

B : 곧 갈께요.
형님과 통화하고 싶은데요.

A : 근처에 있는지 알아 볼께요. 있으면
바꿔 드리죠.

B : 고맙습니다.

Situation 57 *A Want Ad (1)*

A : Hello, personnel department.
May I help you?

B : Yes, please.
I'm calling about the ad for a surveyer.

A : If you're qualified, we'll accept your application.

B : What are the application requirements?
What conditions have you attached?

A : Why don't you come and pick up the application forms to get some new additional information.

B : I'll have to come anyway.
I'll be there by two o'clock.
Thank you.

Check Point

personnel [pə̀rsənél] : 종업원, 직원, 인사의, 직원의, 병력의. **department** : 부. **the ad for~** : ~의 광고. **editor** [édətər] : 편집직원. **be qualified** : 자격이 있다. **qualify** [kwáləfài] : 자격을 주다. **accept** [æksépt] : 승낙하다, 인정하다, 받아들이다. **requirements** [rikwáiərmənt] : 요구사항. **application form** [æ̀pləkéiʃən fɔərm] : 신청서 용지. **obtain** [əbtéin] : 얻다, (습관 따위가) 행하여 지다. **additional** [ədíʃnəl] : 부가의, 부가물의, 추가의. **You'll have to~** : 너는 ~해야 할 것이다. (have to~의 미래형) **anyway** : 아무튼, 어쨌든 (anyhow). **qualified** [kwáləfàid] : 자격이 있는, 적격의, 적임의, 제한된, 한정된, 조건부의, 수정된. **attach** [ətǽtʃ] : 붙이다, 달다, 바르다, 첨부하다, 접착하다, 중요성 등을 부여하다.

상황 57 구인 광고 (1)

A : 여보세요. 인사부입니다.
도와 드릴까요?

B : 네, 부탁 드리겠어요.
귀사의 측량사 광고에 관하여 전화하고 있습니다.

A : 자격이 되면 지원서를 접수합니다.

B : 신청시 요구사항은 무엇입니까?
무슨 조건을 설정하셨습니까?

A : 오셔서 신청서 양식을 받으시고 그 외 새로운 추가 안내도 받으시죠.
어차피 가야 하니까요.
2시까지 가겠습니다.

B : 감사합니다.

Situation 58 A Want Ad (2)

A : Hello, personnel department.

B : Hello.
This is an applicant for the position of a surveyor.
Is this the JSC construction company that has placed want ad for a surveyor in the Korea Times?

A : Yes, it is.
Do you mind your hard working?

B : No, I don't mind my hard working.
What is the salary for the position?
It won't be worth any time to come if it isn't agreeable with me.
I do mind if it isn't enough.

A : Well, that has to be negotiated with us in conjunction with our requirements in terms of your eduction, experience and so on.

However, the minimum would be five thousand dollars.

A : Sounds all right to me.
I'll be there right away.
My name is Ki-su Kim.

Check Point

an applicant [ǽplikənt] : 신청자, 지원자. for the position of~ : ~의 자리에. place a want ad : 구인광고를 내다. It won't be worth any time to~ : 시간을 소비해 가면서 ~할 필요가 없다. agreeable [əgríːəble] : 마음에 드는, 기분좋은, 맞는. be negotiated : 협상되어 지다. negotiate [nigóuʃièit] : 교섭하다, 협상하다. in conjunction with~ : ~과 관련하여. in terms of : ~의 면에서. and so on : 기타, 등등. however [hauévər] : 하지 만. the minimum [mínəməm] : 최소한도, 처저의, 최소량. stop by : 들르다. right away : 즉시, 당장에. and so on [ən sou an] : 기타 등등.

상황 58 구인광고 (2)

A : 여보세요. 인사부입니다.

B : 여보세요.
저는 측량사 자리에 지원하는 사람입니다.
거기가 코리아 타임스에 측량사 구인광고를 낸 JSC 건설회사입니까?

A : 네, 그렇습니다만.
일이 힘들면 안됩니까?

B : 아니오. 힘들어도 괜찮아요.
봉급은 얼마나 됩니까?
봉급이 저에게 맞지 않으면 시간을 소비하면서까지 갈 필요가 없으니까요.
월급이 충분하지 않으면 안 되니까요.

A : 글쎄요. 그것은 댁의 교육과 경험 등 면에서 우리의 요구 사항과 관련하여 타협이 되어야 합니다.

하지만 최저가 5,000달러입니다.

A : 저에게 좋은 것 같군요.
바로 가겠습니다.
나의 이름은 김기수입니다.

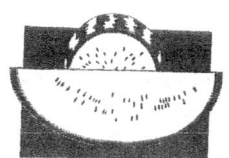

Situation 59 Job At Trading Co. (1)

B : Good afternoon, sir.
I'm Ki-su Kim, who just called about your business manager's position.

A : I see. Sit down.
Now, let's get down to business.
Could you tell me your educational background?

B : I graduated from Yon-sei University in 1985, majoring in business administration.

A : What have you been doing lately, Kim?

B : I'm unemployed at the moment.

A : What position did you hold at the J.S. trading Co.?

B : I was the business manager, sir.

A : How long did you work there?

B : For a little over 7 years.
7 years and three months to be exact.

Check Point

who just called : 제가 방금 전화했습니다. get down to business : (침착하게) 일·업무·연구(숙고)에 착수하다. educational background : 학력. major in : ~을 전공하다. business manager : 업무과장. business management : 경영학. be engaged in : ~에 종사하고 있다, 착수하다. engage [ingéidʒ] : 종사케 하다, 약속하다. lay off : (불경기 따위로) 일시 회고하다. (일자리를) 그만두다. be laid off : 놀고 있다. (lay off의 수동형, lay-laid-laid). hold : 직책을 차지하다. trading co. : 무역회사. to be exact : 정확히 말해서. stick to one's business : 열심히 일하다, 충실히 근무하다.

상황 59 무역회사의 취업 (1)

B : 안녕하십니까?
저는 김기수입니다. 제가 업무과장직에 대하여 방금 전화했었습니다.

A : 알겠습니다. 앉으세요.
자, 시작해 볼까요.
학력을 말씀해 주세요.

B : 1985년에 연세대학을 졸업했고 경영학을 전공했습니다.

A : 김씨, 어떤 일을 해왔습니까?

B : 현재 놀고 있습니다.

A : JS 무역회사에서의 직책은 무엇이었습니까?

B : 업무과장이었습니다.

A : 거기서 얼마동안 근무했었나요?

B : 7년 좀 넘었습니다.
정확히 말해서 7년 3개월입니다.

Situation 60 Job At Trading Co. (2)

A : Could you tell me why you quitted your previous job at J.S trading company?

B : As a matter of fact, it was not my intention to quit. The company was on the verge of folding due to a heap of debts in addition to serious business recession since the I.M.F. last year.

A : I understand your situation.
What do F.O.B. and C.I.F. stand for respectively?

B : They're commercial terms standing for Free On Board and Cost, Insurance and Freight.

A : One more question. What does G.A.T.T. stand for?

B : It stands for General Agreement on Tariff & Trade.

> F.O.B., f.o.b. free on board
> C.I.F., c.i.f. cost, insurance and freight
> =C.F.I., c.f.i.

Check Point

placement [pléismənt] : 취업. As a matter of fact : 실은. intention [inténʃən] : 의지, 의향, 개념, 의미. quit [kwit] : 떠나다, 포기하다. be on the verge of folding : ~문 닫을 순간에, 금방 문닫을 듯한. due to debt : 빚 때문에. in addition to : ~에 더하여, 외에(beside). business recession : 불경기. since : 이래로, ~부터. stand for : ~을 나타내다, ~에 대신하다. respectively [rispéktivli] : 각각, 각자, 제각기. commercial terms : 상업용어. verge [vəːrdʒ] : 가장자리, 끝, 변두리, 장대, 막대기, 가장 자리에 있다, 아슬아슬한 곳에 있다. a heap of debts : 산더미 같은 빚. heap [hiːp] : 더미, 무더기, 무리, 떼, 많은.

상황 60 무역회사의 취업 (2)

A : J.S. 전 회사에서는 왜 그만 두셨나요?

B : 실은 의도적으로 그만 둔 것이 아니었습니다.
회사가 막대한 빚으로 바야흐로 문을 닫게 된 데다 작년 I.M.F. 이후로 극심한 불경기 때문이었습니다.

A : 처지를 알겠군요.
FOB와 CIF는 각각 무엇의 약자입니까?

B : 그것은 상업용어로서 본선·화차 인도와 보험료·운임 포함 가격의 약자입니다.

A : 하나만 더 묻겠습니다. G.A.T.T.는 무엇의 약자입니까?

B : 관세 및 무역에 관한 일반 협정입니다.

본선·화차 인도 또는 본선·화차 적재 인도
보험료·운임 포함 가격. 때로 [sif]로 발음
=C.F.I., c.f.i.도 같은 뜻.

Check Point

debt [det] : 빚, 부채, 채무, (남에게) 빚진 것, 신세, 은혜. **general** [dʒénərəl] : 일반의, 총체적인, 전반적인, 보편적인. **agreement** [əgríːmənt] : 협정, 계약, 일치, 조화, 동의, 합의. **on** [ɔn, ɑn] : …에 관한, …에 대해서, …라는 제목의. **tariff** [tǽrif] : 관세, 관세표, 세율표, 세율. **trade** [treid] : 무역.

Situation 61　**Job At Trading Co. (3)**

B : What were the main items that you handled at your previous job?

A : I handled several items, like textiles, chemicals, tools, electrical appliances and the like.

B : What was the gross income of last year?

A : It's hard to say off hand.

B : What was the total amount of imports and exports of last year?

A : It was approximately two million dollars, which exceeded 700 thousand dollars of imports.

Check Point

main line of~ : 주요 종류의. commodities [kəmádəti] : 상품, 물품, 일용품. handle : 취급하다, 처리하다. several : 7·8가지의, 여러 가지의. items [áitəm] : 품목, 조항, 항목, 기사, 품목. textiles [tékstail] : 직물류. chemicals [kémikəl] : 화학제품, 화학의, 화학적인. tools : 도구류. electrical appliances [iléktrikəl əpláiəns] : 전기제품, 전기용품, ~도구. and the like : 기타, 등등. total volume of~ : ~의 총분량, ~의 총양, ~의 총크기. imports and exports : 수출입. approximately [əpráksimətli] : 약, 대략. exceed [iksi:d] : 능가하다, (한도를) 넘다, 초과하다. which : 선행사 two million dollars를 받음. line : (상품의) 종류, 등급, 재고, 사들인 물건.

상황 61 무역 회사의 취업 (3)

B : 당신이 전 직장에서 취급한 주요 품목은 무엇이었습니까?

A : 저는 직물류, 화학 제품, 도구류, 전기 제품 등과 같은 여러 가지 품목을 취급했습니다.

B : 작년 총수입은 얼마였습니까?

A : 준비 없이 말씀 드리기 어렵습니다.

B : 작년의 총 수출입고는 얼마였습니까?

A : 약 200달러로 70만달러의 수입을 초과했습니다.

Situation 62 Job At Trading Co. (3)

B : Kim, as you may know,
We've been the first ranking electronic company in Korea.

As we've been doing, starting next year, we're planning to establish a new import and export department, which will require great pains but strong and active break of the overseas markets.

At this point, we're looking for a very capable person who will actively carry out this responsibility.

Do you think you can handle that as it should?

A : Mr. Brown, if you give me a chance to act to the best of my ability, you'll know you have chosen the right man.

B : Well, that's about all for now, Kim.
We'll let you know the outcome of your application in a week's time or so.

A : Thank you very much, Mr. Brown.
I hope to see you again.
Good-bye, sir.

Check Point

establish [istǽbliʃ] : 확립하다, 설립하다. vigorous exploration [vígərəs èkspləréiʃən] : 박력있는 개척(탐험, 탐구, 개발). in this regard : 이런 점에서. actively [ǽktivli] : 활발하게, 적극적으로, 활동적으로. carry out : 수행하다, 실행하다, 성취하다. responsibility [rispɑ̀nsəbíləti] : 책임, 의무, 부담. handle : 취급하다, 처리하다. demonstrate~ ability : 능력을 발휘하다. have chosen the right man : 적임자를 뽑았다. the outcome of~ : ~의 결과.

상황 62 무역회사의 취업 (4)

B : 김씨, 아시겠지만,
한국에서 일위의 전자회사입니다.

지금까지 쭉 해온 것처럼, 내년부터 우리는 수출입과를 신설할 계획인데, 어려움이 따르겠지만 매우 박력있는 해외시장의 방향 급전환 개척을 요구하고 있습니다.

이 시점에서 우리는 이 책임을 활발하게 수행할 수 있는 유능한 사람을 구하고 있습니다.

그 일을 제대로 할 수 있겠습니까?

A : Brown 씨, 저희 실력을 충분히 발휘할 수 있는 기회를 주신다면 적임자를 뽑으셨다는 것을 아시게 됩니다.

B : 이쯤 해 둡시다, 김.
면접 결과를 일주일 후 쯤해서 알려 드리겠습니다.

A : 감사합니다, Brown 씨.
다시 뵙길 바랍니다.
안녕히 계십시오.

Check Point

in : 후에, 있다가. **capable** [kéipəbl] : 실력있는, 유능한, …의(할) 능력이 있는. **require** [rikwáiər] : (권리로서, 권력에 의하여) 요구하다, 명하다, 요청하다. **great pains** [greit péinz] : 큰 어려움, 큰 고통. **active** [ǽktiv] : 의욕적인, 적극적인, 활동적인, 활발한, 민활한, 현역의. **overseas market** : 해외시장. **break** [breik] : 진로의 급전환. **strong and active** : 박력있는.

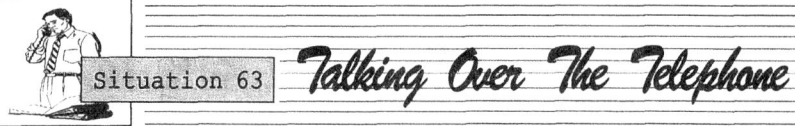

Situation 63 — Talking Over The Telephone

A : Mr. Brown's office.
May I help you?

B : This is Hong Y.S. of Sam-sung label company.
I'm returning Mr. Brown's call.

A : I'm sorry, he just stepped out.
Shall I locate him?
Oh! He just came in.
I'll get him to answer the phone.
Please hold on.

Mr. Brown, Mr. Hong Y.S. is on the line, Sir.

C : Mr. Hong, Mr. Brown speaking.

B : Mr. Brown.
It's so nice to hear your voice.

C : Same here, Hong.
How's your business?

B : About the same.

Check Point

return~ call : 전화하셨다기에. just step out : 방금 나가다. locate [lóukeit] : 찾아보다, 거주하다, (관청 따위) 설치하다. get him : 바꿔주다(put him on). hold on : 수화기를 들고 있다, 끊지 않다, (전화로) 기다리세요. It's so nice to~ : ~해서 반갑습니다, 흐뭇합니다. hear : 듣다, 들리다, 들어서 알다. voice : 음성, 목소리. same here : 저도 그렇습니다. over the telephone : 전화상으로. over [óuvər] : (전선 따위) ~에 통하여, ~을 통하여, ~의 위로, 도처에, ~의 위에. get : 권하여 하게 하다. answer the phone : 전화를 받다.

상황 63　전화로 이야기 하기

A : 브라운 씨 사무실입니다.
　　도와 드릴까요?

B : 저는 삼성 라벨 회사 홍영석입니다.
　　내가 부재 중 브라운 씨가 전화하셨다기에 전화했습니다.

A : 죄송합니다. 방금 나가셨는데요.
　　찾아 볼까요?
　　아! 방금 들어 오시네요.
　　바꿔 드릴테니 끊지 마십시오. [기다리십시오.]

　　브라운 씨 홍 와이에스 전화입니다.

C : 미스터 홍 나 브라운입니다.

B : 브라운 씨.
　　당신의 목소리를 들으니 반갑습니다.

C : 저도 그렇습니다.
　　사업은 어떠십니까?

B : 늘 그렇습니다.

Situation 64 — *We Don't Have A Bob Here.*

A : I have a call for Mrs. Kim Myung-ja.

B : She's in a meeting.

A : This is the overseas operator.
Could she be interrupted?

B : Hold on.
I'll have to see if he can get it.

A : Hello, operator?
Mrs. Kim is on the line.

A : There's no one here by that name.
What number did you dial?
You have the wrong number.

B : Oh, I'm sorry I bothered you.

A : No problem.

[We don't have a Bob here.]

Check Point

a Bob, Bob : ~이란 사람(a~, ~란 사람). I have a call for~ : ~를 찾는 전화다. overseas operator : 해외 국제전화 교환. be interrupted : 하던 일이 중단되다, 하던 대화가 중단되다. interrupt [intərʌ́pt] : 훼방 놓다, 중단시키다, 방해하다. be on the line : 전화받고 있다. one by that name : 그런 이름 가진 사람. bother [báðər] : 괴롭히다, 귀찮게 하다, 당황케 하다, 난처하게 하다, 걱정하다, 근심하다. no problem : 괜찮습니다. The problem is how to~ : 어떻게 ~하느냐가 문제이다. It's a problem how to~ : 어떻게 ~하느냐가 문제이다. get : 전화를 받다. get it에서 it은 걸려온 전화.

상황 64 밥이란 사람 없슴니다

A : 김명자 여사를 찾는 전화인데요.

B : 회의 중이신데요.

A : 국제전화 교환인데.
그 분이 전화 받으실 수 있는지요?

B : 기다려 보세요.
전화를 받을 수 있는지 알아 보아야 겠습니다.

A : 여보세요, 교환?
김여사가 나왔습니다.

A : 여긴 그런 이름 가진 분이 없는데요.
몇 번에 거셨습니까?
잘못 거셨습니다.

B : 아, 괴롭혀 드려 죄송합니다.

A : 괜찮습니다.

  [여기엔 밥이란 사람 없습니다.]

Situation 65: The Rescue Party On 119

A : Hello.
Is this the police on 112?

B : Yes, may I help you?

A : Hurry!
Someone's breaking into my store.

B : Oh, my!
We move out right away.

A : Come quick!

A : Hello.
Is this the rescue on 119? [the rescue party]

B : Yes, go right ahead.
What happened?

A : Someone is struggling to get out of the water.

[Someone is pawing the air to get out of the water.]

Check Point

Is this~? : 거기가 ~입니까?(전화로). **hurry** [hə́ːri] : 서두르다, 재촉하다, 매우 급함, 서두를 필요. **break** [breik] : 부수다, 깨뜨리다, 어기다. **move out** : 출동하다, 집을 비우다, 이사해 가다. **quick** [kwik] : 민첩한, 빠른, 민감한, 성급한, 빨리. **rescue party** [réskjuː páːrti] : 구조대. **go right ahead** : 어서 말씀하세요. **happen** [hǽpən] : 일어나다, 발생하다, 생기다, 마침 ~하다. **struggle** [strʌ́gl] : 허우적거리다, 노력, 고투. ~**for** : ~하려고 싸우다, 얻으려고 분투하다. **get out of** : ~에서 나오다. **paw the air** : 양 손을 휘두르다. **paw** : (개·고양이 따위의 발톱있는 짐승의) 발, 앞발로 긁다, 두드리다, 자투리를 모아 만든. **rescue** [réskjuː] : 구출하다, 구조하다, 구조. **paw the ground** : 앞 발로 땅을 긁다.

상황 65　119 구조대

A : 여보세요.
거기가 112 경찰인가요?

B : 네, 도와 드릴까요?

A : 급합니다.
누군가가 가게에 침입했습니다.

B : 아, 저런!
즉시 출동합니다.

A : 빨리 오세요.

A : 여보세요.
거기가 119구조대입니까?

B : 네, 어서 말씀하세요.
무슨 일 입니까?

A : 누군가가 물에 빠져서 허우적 거리고 있습니다.

　[사람이 물에 빠져 허욱적 거리고 있습니다.]

Situation 66 The Weatherman Says...

A : What did the weatherman say?

B : The weatherman said a typhoon would hit the land.
I hope it'll turn in another direction.

A : When will it hit the land?

B : The report says it'll be here tomorrow.
The typhoon we had last year brought a big damage.

A : Let's hope this one passes away from us.

B : Why is the sky orange?
The sands from the Gobi desert are flying in the air now.

[paw the air]

Check Point

typhoon [taifún] : 태풍. land : 상륙하다. turn in another direction : 다른 데로 방향을 바꾸다. get to land : 상륙하다. hit the land : 상륙하다(폭풍). bring a big damage : 큰 피해를 가져오다. pass away : 멀리 지나가다. fly in the air : 하늘을 날다. paw the air : 양 손을 휘두르다.

상황 66 일기예보에 의하면

A : 관상대원이 뭐라고 하던가요?

B : 태풍이 상륙한다고 예보했습니다.
방향을 틀었으면 좋겠습니다.

A : 언제 여기에 상륙한답니까?

B : 예보에 따르면 내일 온다는군요.
작년에 당한 태풍으로 피해가 컸습니다.

A : 이번 태풍이 우리에게서 멀리 사라지기를 기대합시다.

B : 하늘이 왜 누렇지요?
고비사막의 황사가 불려와서 그래요.

[양 손을 휘두르다.]

Situation 67  *Weather Permitting*

A : What a thick fog!
I can't see anything in front of us.
Even the planes aren't flying.

B : The traffic in Kimpo and Yoi-do is at a standstill.

A : Do you know when it will clear up?

B : Yes, it will lift in an hour or so.
I have a hunch.

A : It's going to be sultry after this fog lifts.
What's your plan for the weekend?

B : Well, that depends on the weather.

A : Check the weather report.

B : | Weather / Money / Time | permitting.
[clear up]

Check Point

thick [θik] : 두꺼운, 두껍게, 짙은, the~ 울창한 숲. **fog** [fɔːg, fɑg] : 안개, 혼미, 안개가 끼다. **even** [íːvən] : 조차도, 평평한, ~이라도. **standstill** [stǽndstìl] : 정지, 막힘, 쉼. **clear up** [klíər ʌp] : 날씨가 개다, 해결하다. **lift** [lift] : 걷히다, 들어올리다, 올리기, 승강기. **in an hour** : 한 시간 후에. **or so** : 정도, 쯤. **hunch** : 육감. **It's going to~** : 날씨가 ~일 것이다. **plan for** : ~에 계획, ~를 위한 계획. **depend on** : ~에 달려있다, ~나름이다. **weather report** : 일기예보. **check** : 수표를 끊다, 발행하다, 방지, 억제, 막는 기구, 반발, 저지하다, 막다, 저지, 정지, 방해, 검사하다, 대조하다, 조사하다. **clear up** : 물건을 깨끗이 하다, 치우다, 빛 따위를 갚다, 청산하다, 의심·어려운 문제 따위 풀다, 해결하다, 날씨 등이 개다.]

상황 67 날씨만 좋다면야

A : 참으로 짙은 안개로군.
앞에 아무것도 볼 수가 없네.
비행기도 못 뜰 것입니다.

B : 김포와 여의도의 교통은 정체 상태입니다.

A : 언제 갤지 아시겠어요?

B : 네, 한 시간만 있으면 걷힐 것입니다. (한 시간 안팎으로.)
육감에 그래요.

A : 이 안개가 걷히고 나면 무덥겠군요.
주말 계획은 어떻습니까?

B : 글쎄요. 그건 날씨에 달렸습니다.

A : 일기예보를 확인해 보세요.

B : 날씨만 좋다면야, 뭐.
돈 만 있다면야,
시간 만 허락된다면야,

Situation 68: My Car Won't Start

A: What's the matter?
You look sad.

B: My car won't start.
Give me a hand, will you?

A: Sure.
Do you want me to give you a push?

B: Yeah.
It started.

A: You'd better go have it checked.
Anything else I can help you with?

B: I need to move my bookcase.

A: Where do you want it?

B: Over by that wall.

A: Consider it done.
I hear you're a new father.

B: Yes, she had a son.

A: Congratulations!

Check Point

look sad : 울상이다. won't=will not : ~하지 않는다. start [staərt] : 발동하다, 움찔하다, 펄쩍 뛰다, 출발하다, 시작하다, 출발. (a) hand : 일손, 직공, 솜씨, 넘겨주다, 인부, 손길, 돕기, 조력, 거들기. give~ a push : 떠밀어 주다. push [puʃ] : 밀다, 떠밀다, 싹·뿌리를 내다, 압박하다, 억누르다, 추구하다. You'd better : ~하는 게 좋다. go have it checked : 가서 검사받다. I need to~ : 나는 ~할 필요가 있다. move : 옮기다. over by~ : 저쪽 ~옆에. will [wil] : (주어의 의지, 소원·주장·고집·거절, 불가피·필연적 사태 등)을 나타냄. won't=will not : 아무리해도 …하지 않다, 한사코 …하지 않다, 죽어라 하고 …하지 않다. have-had-had : 엄마가 아기를 낳다.

 **상황 68** 시동이 안 걸려

A : 무슨 일이니?
울상이네.

B : 차가 아무리 해도 시동이 안 걸려.
도와 줄 거니?

A : 돕구 말구.
내가 떠밀어 주기 바라니?

B : 그래.
시동이 걸렸다.

A : 가서 차 점검 한 번 시켜봐.
그 밖에 도울 것 있니?

B : 책장을 옮겨야 겠어.

A : 어디로 옮길려고?

B : 저기 벽 옆에.

A : 해 줄게.
아빠가 됐다는 소식이 들리더라.

B : 그래, 아들 낳았지.

A : 축하한다.

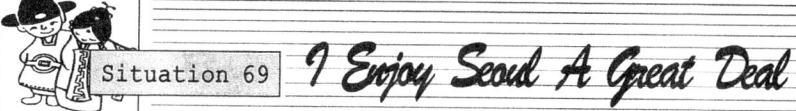

Situation 69 : I Enjoy Seoul A Great Deal

A : Do you miss New York?

B : Sometimes, but I enjoy Seoul a great deal.

A : I hear you have a good weather there.

B : Yes, the weather is like fall in Korea.
I'm from Florida.

A : I understand you have very little winter there.

B : Yes.

A : Your reputation proceeded you!
Professor Brown has told me a lot about you.
He says nice things about you.

B : I'm sure prof. Brown exaggerated!

A : Let me introduce you to the others.

B : I'm William Robert Jones.
You can call me by my first name.
Please call me Bill.
It's very nice to join you.

Check Point

miss [mis] : 보고 싶어하다, 없어서 아쉬워하다, 놓치다, 잃다, 실책. **a great deal** : 다량, 대량, 많이, 훨씬, 아주. **have very little** : 거의 없다. **reputation** [rèpjutéiʃən] : 평판, 명성. **proceed** [prousíːd] : 나아가다, 계속하다. **say nice things about** : ~에 대해 칭찬하다. **exaggerate** [igzǽdʒərèit] : 과장하다, 허풍떨다. **the others** : 나머지 사람들. **others** : 남들. **has told me** : 나에게 줄곧 말해 왔다, 일러왔다. **little** : 거의 ~(없다). **a little** : 조금 ~ (있다).

상황 69 · 서울이 참 좋아요

A : 뉴욕이 그리우십니까?

B : 때때로 그렇습니다만 서울도 참 좋습니다.

A : 거기 날씨가 좋다면서요.

B : 네, 한국의 가을 날씨 같습니다.
저는 플로리다 출신입니다.

A : 거기는 겨울이 거의 없다고 알고 있습니다만.

B : 네.

A : 당신의 평판이 아주 좋더군요.
브라운 교수가 당신 이야기를 많이 하더군요.
좋은 분이라 하더군요.

B : 교수님이 틀림없이 과장해서 말씀하셨겠죠.

A : 다른 분들한테 소개시켜 드리죠.

B : 나는 윌리엄 로버트 죤스입니다.
나의 이름을 부르세요.
Bill이라 불러 주세요.
같이 일하게 되어 대단히 좋습니다.

Situation 70   Oh, My God!

A : Ladies and gentlemen! In that meaning,
We're now going to sing songs for a change.
Now each one of you[us] will stand up and sing one song going around counterclockwise.
All right?
Now we'll start with women here.
We don't know how good your song is.
Come on!

B : Oh, my God!
Ladies and gentlemen, when it comes to singing, as a matter of fact, I'm all thumbs.
I can not keep pitch, but I don't want to be a whiner, so I'll try.
But don't laugh.

A : You're a good singer.
Let's give her a big hand.
by God
for God' sake
Thank God!
God bless me!
God help him!
God speed you!
Oh my God! Oh God!
God forbid!
God grant…!

Check Point

We're now going to~ : 이제 우리는 ~하려고 한다. **each one of you** : 여러분 각자는. **going round** : 돌아가면서. **clockwise** : 시계 방향으로, (counter clockwise 반시계 회전으로). **start with** : ~부터 시작하다. **carry a tune** : 노래에서 주선율을 노래하다, 가락는. **going round** : 돌아가면서. **clockwise** : 시계 방향으로, (counter clockwise 반시계 회

상황 70 야단 났는데!

A : 신사·숙녀 여러분! 그런 의미에서 지금부터 이제 우리는 기분전환으로 노래를 부르겠습니다.
우리들은 각자 일어서서 시계 반대 방향으로 돌아가며 한 곡씩 부르겠습니다.
어때요. 여러분.
자, 그럼 이쪽 부인들부터 시작하겠습니다.
저희는 부인의 노래 실력을 모릅니다.
자, 어서요.

B : 야, 이거 큰일났군.
여러분, 노래를 부르는 일이라면 재주가 없습니다.
실은 저는 음치입니다만 우는 소리하기 싫어서 해 보겠어요.
웃지는 말아 주세요.

A : 노래 잘 하시네요.
박수를 쳐 드립시다.
하나님께 맹세코, 반드시, 꼭.
제발.
고마워라.
어머나, 아우쿠, 이크, 큰일났군. (놀라움의 감탄사)
하나님, 그를 도와주십시오. (아 불쌍해라!)
안녕히! 성공을 빕니다!
야단 났는데! 괫씸하군! (곤란할 때, 슬플 때, 괴로울 때, 화가날 때.)
하나님, 제발 안 그러기를! 그런 일이 있을라고! 어림도 없는 소리!
천만에!
내 소원을 들어 주소서!

Check Point

전으로). **start with** : ~부터 시작하다. **carry a tune** : 노래에서 주선율을 노래하다, 가락 음조를 유지하다. **at least** : 적어도, 최소한. **sake** : 위함, 목적. **bless** : 은총을 베풀다. **forbid** [fərbíd] : 금하다, 금지하다, 방해하다. **grant** [grænt] : 승낙하다, 허락하다, 인정하다. **keep pitch** : 음의 고저(음조)를 자기 것으로 하다. **whiner** [hwáinər] : 우는 소리하는 사람, 투덜대는 사람. **thums** [θʌm] : 엄지손가락, 《속》 마리화나 담배. **be all thumbs** : 무디다, 손재주가 전혀 없다. **when it comes to~** : ~하는 일이라면. **laugh** [læf] : (소리내어) 웃다, 비웃다, 재미있어 하다, 만족스러워 하다, 물·경치·곡식 등이 미소짓다, 생기가 넘치다. **pitch** [pitʃ] : 음도, 음의 고도, 음향·음성의 높이, 음조·음의 고저.

Situation 71 I'M All For That

A : Let's do our best to be successful.

B : I'm all for that.
I hope we'll stick by each other.

A : It is thought that counts.

B : I'm all for that.
I'm with you all the way.
You act real great.
You think of everything.

A : We'll stay in touch.

B : Sure, at any time.
There's nothing like a friend.

A : It makes me feel young.
While we're at it,
let's do the best of our ability.

B : I'm trying to pump my brains for ideas.

Check Point

do one's best : 최선을 다하다. successful [səksésfəl] : 성공한, 번창하는. to be successful : 번창해지기 위해. all the way : 내내, 줄곧(all the time). act real great : 멋지게 행동하다. think of everything : 빈틈없이 생각하다. stay in touch : 연락을 유지하다(지속하다). at any time : 언제든지, 늘, 아무 때나. There's nothing like~ : ~과 같은 것은 없다. make : (목적격 보어와 함께) ~을 ~으로 하다, ~이 되게 하다. pump~ brains for ideas : 좋은 생각이 없을까 하고 머리를 짜내다. while we're at it : 기왕에 시작했으니. do the best of~ ability : 능력껏 최선을 다하다. all : 아주, 완전히, 있는 힘을 다하여, 힘껏, 전속력으로, (옹호·찬성·자기편의 뜻으로 쓰여) ~편에, ~를 위하여. I'm all for that : 여기서 all은 아주·완전히; for는 ~편에; that은 조금전 상대방이 말한 내용 등, 나는 완전히 말씀하신 내용의 편이다. 그래서 결국 전적으로 찬성이다. It is~ that~ : (강조 구문) …하는 것은 바로 …이다. thought [θɔːt] : n. 생각, 사고, 사색, 숙고, 마음. pl. 의견, 견해. counts [kaunt] : 중요하다, 셈이나 계산에 넣다. stick by [stik bai] : …에 충실하다, 굳게 지키다, 의리를 지키다.

상황 71 찬성입니다

A : 우리 잘해 봅시다.

B : 찬성입니다.
서로 마음 변하지 맙시다. 의리를 지킵시다.

A : 문제는 마음입니다. 중대한 것은 바로 마음입니다.

B : 찬성입니다.
나는 전적으로 동의합니다.
정말 멋지게 행동하십니다. (끝내주게)
빈틈없이 신경 써 주시는 군요.

A : 우리 서로 연락합시다.

B : 네, 항상.
친구처럼 좋은 건 없습니다.

A : 젊어지는 기분이군요.
기왕에 시작했으니,
우리의 능력의 최선을 다합시다. 능력껏 최선을 다합시다.

B : 좋은 생각이 없을까 하고 머리를 짜 내고 있습니다.

Situation 72 — Other Things Being Equal

A : I hope we'll hit it off with each other.

B : Now you talk my language.

A : Let's go to a near by coffee shop, where
We can go into details.

B : Live and learn.

A : I'll stand you a drink.
I know a place. All right?

B : Let's make it practical way.

A : Other things being equal,
Why not go to a discotheque, where we can drink and dance for a change.

Drink it!

Check Point

hit it off : 사이 좋게 지내다. **nearby** : 가까운, 근처의, 가까이에서, where(관계 대명사의 계속적 용법으로 선행사(다방)을 받아서) 그리고 거기서. **go into details** : 자세한 이야기를 하다. **stand** 사람 **a drink** : ~에게 술 한 잔 한턱내다. **a place** : ~을 잘 하는데, 좋은 곳. **all right** : 좋아, 순조롭게, 틀림없이, 무사히. **practical way** [præktikəl wei] : 실속있는 방법으로, 실용적인 방법으로. **discotheque** : 디스코 장. **for a change** : 기분 전환으로. **in detail** : 상세히, 세부에 걸쳐. **drink it** : 《속》실컷 마시다. **discotheque** [dískətèk] : 생연주나 레코드 음악에 맞추어서 춤을 추는 나이트 클럽 · 캬바레 등. **hit it off** : 잘 어울려 지내다. 성미가 맞다(with, together). **a change** : 기분전환, 변화, 변천, 변경, 바꿈, 교체. **for** : 목적으로. **details** [ditéi] : pl. 상세한 설명 · 기술, 상세.

상황 72 같은 값이면

A : 사이좋게 지내길 바랍니다. (뜻이 맞고 성미가 맞아)

B : 나와 같은 생각이시군요.

A : 근처 다방에 나갑시다. 그리고 거기서 자세한 이야기를 하지요.

B : 오래 살고 볼 일이다.

A : 술 한 잔 내겠습니다.
아는 데가 있는데 어때요?

B : 실속있게 합시다.

A : 같은 값이면,
디스코텍에 가십시다. 그리고 거기서 술 마시며 기분 전환으로 춤이나 춥시다.

싫것 마시게! (속)

Situation 73 People Living In Clover

A : Depression of trade is acutely felt throughout the country.

B : But some people's luxury is getting out of control.

A : There are many people living on unearned incomes. [means]

B : Most of them are going on the racket living in clover.

A : The government authorities have started a radical reform by order of the president.

B : Anyway at this point, one way out is,
We should try to economize more by cutting out all luxuries that can be done without.

A : I'm with you all the way.
People say like that with one voice.

B : I just couldn't see getting a big luxury car.

Check Point

live in clover : 사치스럽게 살다, 편안하게 살다. **depression** [dipréʃən] : 불경기. **trade** [treid] : 매매, 장사하다. **acutely** [əkjúːtli] : 날카롭게, 예민하게. **be felt** : 영향을 받다, 통절히 느껴지다. **throughout** [θruːáut] : ~의 전체에 걸쳐서, 처음부터 끝까지. **luxury** [lʌ́kʃəri] : 사치, 호화, 사치품, 쾌락. **get out of control** : 도를 벗어나다. **live on unearned income** : 불로소득, 생활을 하다. **go on the racket** : 흥청망청 놀아나다, 방탕하다, 들떠 놀아나다. **authorities** [əθúrəti] : 권위, 권력, 위신, 권능, 권한, 직권, 복수로는 관헌 당국. **radical reform** [rǽdikəl riːfɔ́ərm] : 근본적인 개혁. **by order of**~ : ~의 명령에 따라. **at this point**~ : 이 시점에서. **one way out** : 한 가지 해결책. **economize** [i(ː)kánəmàiz] :

상황 73 호화판 생활을 하는 사람들

A : 불경기가 도처에 심합니다.

B : 그러나 일부 사람들의 과소비가 [사치가] 도를 벗어나고 있습니다.

A : 불로소득으로 생활하는 사람들이 많습니다.

B : 그들 대부분이 호화판 생활을 하면서 흥청망청 들떠 놀아나고 [방탕하고] 있습니다.

A : 정부 당국자들은 대통령의 지시로 근본적인 개혁에 착수했습니다.

B : 어쨋든 이 시점에서, 한 가지 해결책은,
우리는 없이도 지낼 수 있는 모든 사치품들을 제거함으로써 좀 더 절약하도록 노력해야만 합니다.

A : 나는 전적으로 동의합니다.
사람들이 이구동성으로 그렇게 말합니다.

B : 저는 고급 승용차 구입 같은 건 상상도 못합니다. [엄두도 못 냅니다.]

Check Point

절약하다. **cut out all luxuries** : 모든 사치품을 생략하다(그치다, 그만두다, 끊다). **do without** : ~이 없이 지내다(견디다). **with one voice** : 이구동성으로. **I just couldn't see**+동사ing : 나는 ~하는 건 상상도 못한다, 엄두도 못내다. **big luxury car** : 고급 승용차. **racket** [rǽkit] : 모여서 설치기, 소음, 유흥, 정구 라켓, 야단법석을 떨다. **unearned** [ʌnə́:rnd] : 일하지 않고 얻은, 노력없이 얻은. **income** [ínkʌm] : 수입, 소득, income 대신 means를 쓰는 것이 일반적임. **earned income** : 근로소득. **unearned income** : 불로소득. **live within one's income** : 수입에 맞는 생활을 하다. **live beyond one's income** : 수입에 맞지 않는 생활을 하다.

Situation 74 — Why Not Try Out?

A : I like Cho Yong-pil very much.
I like the way he sings.
He has personality.

B : I am carried away while he's singing.

A : He has a charisma.

B : What makes you say so?

A : He possesses a magical power of charming people.

B : I feel the same way.

A : Who's your favorite singer?

B : Michael Jackson.

A : I watch TV whenever there's an amateurs' singing contest on.

B : Why don't you try out for a contest?
[Why not try out?]

Check Point

the way 주어+동사 : ~가 ~하는 독특한 짓·방법·방식. personality [pə̀ːrsənǽliti] : 개성·인격, 복수로 인신 공격, 어떤 개성을 가진 인물·명사. get carried away : ~에 도취되다. charisma [kərízmə] : (일반 대중의 지지·후원을 얻는) 비범한 정신력·능력. possess [pəzés] : 소유하다, 지배하다, 사로잡다, 능력·성질따위를 가지다. magical power of ~ : ~의 마력. charm [tʃɑərm] : 마음에 드는, 인기있는 사람. is on : 상영 중이다. try out : (경기·시합 등에) 나가보다. why not~ : ~하지 그래. be carried away : 넋을 잃다, 무아지경이 되다. magical [mǽdʒikəl] : 마술적인, 신비한.

상황 74 한 번 나가보지?

A : 나는 가수 조용필을 무척 좋아합니다.
그의 노래하는 독특한 방법[방식·짓·버릇]이 마음에 듭니다.
그는 개성이 있습니다.

B : 그가 노래 부르는 동안에 저는 도취됩니다.

A : 그는 카리즈마가 있습니다.

B : 왜, 그렇게 말씀하십니까?

A : 그는 사람을 사로잡는 일종의 마력이 있습니다.

B : 동감입니다.

A : 제일 좋아하는 가수는 누구입니까?

B : 마이클 잭슨.

A : 저는 노래 자랑 프로그램이 있을 때마다 TV에서 봅니다.

B : 경연에 한 번 나가 보시지요.
[한 번 나가 보지 그래?]

| Situation 75 | *Here's How! (Cheers!)* |

A : Let's fix it that way.
You know what I mean?

B : Have I got your world on that?

A : You can count on me. Take my word for it. I'm trustworthy.

B : I'll drink to that.
Here's how!
[Cheers!]

A : I have half a mind to do business.
I'm not sure of my business.

B : I have a new business which is always prosperous in spite of the I.M.F.
It's worth the chance.

A : What a record breaking depression!

B : For anythin I know, at this rate,
We'll have serious unemployment problem.

C : That's what it is.

Check Point

fix it that way : 그렇게 정하다(처리하다, 정리하다). what I mean : 내가 무슨 뜻으로 말하는지. count on : ~을 믿다, 기대하다. trustworthy [trʌ́stwə̀ːrði] : 신용할 수 있는, 확실한. I have half a mind to~ : ~할까 어쩔까 반반하다. I'm sure of : ~을 확신하다. prosperous [prɑ́spərəs] : 순조로운, 번영하는, 부유한. in spite of~ : ~에도 불구하고, ~을 무릅쓰고. worth the chance : 해볼 만한 일(승산·가망) record-breaking : 전례없는. unemployment problem : 실업문제. to that : 그런 의미에서. word [wəːrd] : (one's~, the~) 약속, 언질, 서언, 지시, 명령, 구두 신호 (보통 무관사로) 기별, 소식. have half a mind to~ : …할까 생각하다, 할 마음이 조금 있다.

 **상황 75** 건 배

A : 그렇게 정합시다. [처리·정리]
제 말 알아들으시겠어요?

B : 믿어도 될까요?

A : 믿을 수 있습니다. 내 말을 믿어 주세요.
나는 나쁜 사람이 아닙니다.

B : 그런 의미에서 한 잔.
당신의 건강을 축복합니다.
[건배!]

A : 사업을 할까 어쩔까 생각이 반반입니다.
나의 사업에 자신이 없습니다.

B : I.M.F를 모르는 새로운 사업이 한 가지 있습니다.
한 번 해볼 만한 일입니다.

A : 참으로 전례없는 불경기네요!

B : 내가 아는 바로는, 이래 가지고는 [이런 식으로는, 이렇게]
실업문제가 심각한 상태가 되겠습니다.

C : 그것이 현실입니다.

Situation 76 That Reminds Me

A : Let's talk walking.
Here, let me take your things.
That reminds me.
Before I forget, I heard it second hand.
Our company will be dishonored sooner or later.

B : That surprises me.

C : So I've heard. It seems so. Rumor has it so.

A : You have to get yourself up on things. [what it is]

B : Now you're talking.

A : By the way, you have to meet us halfway over the matter.

C : Don't get all worked up over nothing.

B : I lost track of the time.
Our talk took time.

A : The boss will make a change in the office staff.

B : I'm afraid he will.
Hold that chin up.

Check Point

thing [θiŋ] : 물건, 사정, 일. remind [rimáind] : 생각나게 하다, 깨닫게 하다. second hand : 중고의 제3자를 통하여. be dishonored : 부도나다. sooner or later : 조만간. surprise [sərpráiz] : 놀라게 하다, 기습하다, 놀람, 기습. meet~ halfway : 타협하다. over nothing : 별일도 아닌 걸로. get all worked up : 야단하다. lose track of~ : ~을 잃어버리다, (사람을 미행하다가) 놓치다, ~와 접촉이 끊어지다. make a change in the office

상황 76 깜빡 잊을 뻔 했군

A : 걸으면서 이야기 합시다.
자, 그것들은 제게 주세요.
깜빡 잊을 뻔했군.
잊기 전에 말씀 드립니다. 제가 제3자를 통해서 들은 건데 회사가 조만간 부도가 날 거랍니다.

B : 그것 참 놀랐는데.

C : 저도 그렇게 들었습니다만 그런 것 같습니다. 소문이 그렇더군.

A : 세상 일에 밝아야 합니다. [현실]

B : 말 한 마디 잘 했습니다.

A : 그건 그렇고 그 일로 해서 우리와 타협을 해야 됩니다.

C : 별일도 아닌 걸 뭘 그리 야단이십니까?

B : 시간가는 줄 몰랐습니다.
우리 이야기가 길어졌군요.

A : 사장이 인사 이동을 단행할 것이다.

B : 아무래도 그럴 것 같아 기운을 내라.

Check Point

staff : 인사이동을 단행하다, **dishonor** [disánər] : 망신시키다, 망신·불명에, 부도가 나게 하다, 어음의 인수를 거절하다, ~에게 치욕을 주다, ~의 명예를 박탈하다. **work up** : (사람을) 움직이다, 흥분시키다, 사업 등을 노력하여 차차 발전시키다, 확장하다, 서서히 나아가다, 애써 나아가다, 노력하여 얻다.

Situation 77

Q : What are you going to do during your next vacation?

A :

Q : What is the most fun you've ever had?

A :

Q : What is the strangest building you've ever seen?

A :

Q : If you could travel anywhere in the world, where would you go?

A :

Check Point

What are you going to do : 때를 나타내는 부사·부사구로, ~에 무엇을 할 예정이니? the most fun : 가장 즐거운 장난(놀이, 재미, 농담). you've ever had : 당신이 지금까지 했던 중에서(have had 경험 have fun 장난하다). ever : 그전에, 지금까지, 여태껏. the strangest building : 가장 이상한(묘한, 낯선, 알지 못하는) 건물. you've ever seen : 당신이 지금까지 본 중에서(경험). If you could~ : 당신이 만일 ~할 수 있다면. for fun : 장난으로, 재미로, 놀이로. fun [fʌn] : 장난, 놀이, 재미, 농담, 즐거운 일, 위안, 희롱하다, 장난하다, 농담하다. have fun : 장난하다, 놀이하다, 재미보다.

 **상황 77** 독자의 답변 란 · 답변 후 같은 질문을

Q : 다음 방학[휴가] 동안 무엇을 하실 예정이십니까?

A :

Q : 지금까지 경험한 것 중에서 가장 재미났던 일이 무엇입니까?

A :

Q : 지금까지 본 중에서 가장 이상한 건물은 무엇입니까?

A :

Q : 만일 세계 어딘가에 여행할 수 있다면 어디로 가시겠습니까?

A :

Situation 78 — The Reader's Answer Column Ask The Same Question Back

Q : What should you do less often?

A :

Q : Why are you studying English?

A :

Q : What would you like to ask the teacher to do?

A :

Q : What is the best movie you've ever seen?

A :

Q : Have you ever performed in front of a lot of people?

A :

Check Point

should : ~해야만 하다(당연·의무). do less : 덜하다, 더 적게 하다. less [les] : little의 비교급, 보다적은, 보다적은 양. ask 사람 to부정사 : 사람에게 ~해줄 것을 부탁하다(청하다, 요구하다). the best movie : 가장 감동받은 영화. Have you ever+과거분사 : ~해 본적이 있나(경험). perform [pərfɔ́ərm] : 연기하다, 연주하다, ~하다, 이행하다. in front of~ : ~의 앞에서, 앞에. a lot of people : 많은 사람들.

상황 78 독자의 답변 란·답변 후 같은 질문을

Q: 당신은 무엇을 자주 보다 적게 해야 합니까?

A:

Q: 왜 영어를 공부하십니까?

A:

Q: 당신은 선생님이 무엇을 해주시기를 원하십니까? [부탁·청]

A:

Q: 지금까지 보신 영화 중에서 최고의 영화는 무엇입니까?

A:

Q: 많은 사람들 앞에서 연기해 보신적이 있습니까? [연주·독창]

A:

Situation 79 — The Reader's Answer Column Ask The Same Question Back

Q : What do you need more of?

A :

Q : Where would you like to be nivited?

A :

Q : What are you going to do after this class?

A :

Q : If you found a lot of money, what would you do?

A :

Q : Did you ever get into trouble at school?

A :

Check Point

be in need of=stand in need of : ~을 필요로 하다. what~ of=of what : 무엇을 (전치사나 후치사 앞 의문대명사는 그 전치사의 목적어). need more : 더 많이 필요하다. be invited : 초대받다. If you found~ : 만일 ~을 얻게 되면(가정법 과거 : s.82 참고). What would~ : ~는 무엇을 할까. ever : 지금까지, 여태껏. get into trouble : 말썽을 일으키다, 분란을 일으키다, (학교) 벌을 받다.

상황 79 독자의 답변 란. 답변 후 같은 질문을

Q : 당신은 무엇이 더 많이 필요하십니까?

A :

Q : 어디에 초대받고 싶으십니까?

A :

Q : 이 수업이 끝난 후에 무엇을 하실 예정입니까?

A :

Q : 만일 많은 돈을 노력하여 얻게 된다면 무엇을 하시겠습니까?

A :

Q : 지금까지 학교에서 벌을 받아 본적이 있나요? [말썽을 일으키다, 분란을 일으키다.]

A :

| 180 |  |

Situation 80 — The Reader's Answer Column Ask The Same Question Back

Q : What was the happiest day of your life?

A :

Q : If you could ask anyone one question, what would it be?

A :

Q : What should you do more often?

A :

Q : If you had one wish, what would it be?

A :

Q : What do you do before a big test?

A :

Check Point

the happiest day : 가장 행복한 날, 가장 즐거운 날. of your life : 당신 생애의. If you could~ : 당신이 만일 ~할 수 있다면(가정법 과거, s.82 참고). What would~ : 그것이 무엇이 될까. do more often : 더 많이 여러 번하다. if you had : 당신이 만일 ~이 있다면(가정법 과거. 즉, 현재의 사실에 반대되는 것을 가정. s.82 참고). one wish : 한 가지 소원.

상황 80 독자의 답변 란 · 답변 후 같은 질문을

Q : 당신 생애 중에서 가장 행복했던 날은 언제이었나요?

A :

Q : 만일 누군가에게 한 가지 질문을 할 수 있다면, 무슨 질문을 하시겠습니까?

A :

Q : 당신은 무엇을 더 자주 해야만 합니까?

A :

Q : 만일 한 가지 소원이 있다면, 그것이 무엇일까요?

A :

Q : 큰 시험을 앞두고 무엇을 하십니까?

A :

Situation 81

The Reader's Answer Column Ask
The Same Question Back

Q : What can you do better than your parents?

A :

Q : Have you ever played on a sports team?

A :

Q : If you were an animal, what would you be?

A :

Q : Have you ever been really discouraged?

A :

Q : Have you ever been very angry?

A :

Check Point

do better : 더 잘하다. **Have you ever played~** : 경기에 참여해 선수로서 경기해 본적이 있나. **If you were~** : 당신이 만일 ~라면(가정법과거 s.82 참고). **Have you ever been**+과거분사 : (경험용법) 당신은 ~해 본적이 있나. discourage [diskə́:ridʒ] : ~의 용기를 잃게 하다, 낙담시키다. be discouraged : 낙심하다. **Have you ever been in**+장소 ? : ~에 있은 적이 있나(경험) / 주의 : have been to+장소, (완료)를 나타내어, ~에 갔다왔다.

상황 81 — 독자의 답변 란 · 답변 후 같은 질문을

Q: 당신은 당신의 부모님들보다 무엇을 더 잘 할 수 있습니까?

A:

Q: 당신은 운동 팀에서 경기에 나가 본적이 있습니까?

A:

Q: 만일 당신이 동물이라면 무엇이 되겠습니까?

A:

Q: 당신은 정말 낙심해 보신 적이 있습니까?

A:

Q: 당신은 대단히 화내 보신 적이 있습니까?

A:

Situation 82

The Reader's Answer Column Ask The Same Question Back

Q : What is the best book you've ever read?

A :

Q : Have you ever been very bored?

A :

Q : What do you have to do that you dislike?

A :

Q : If you could invite anyone to dinner, who would it be?

A :

Q : What is the most interesting vacation you've taken?

A :

Check Point

you've ever read : 당신이 지금까지 읽었던 중에서. bored [boərd] : 싫증난, 진절머리난. dislike [disláik] : 싫어하다, 미워하다, 혐오. If you could~ : (가정법과거로 현재의 사실에 반대되는 것을 가정) 만일 ~한다면, if+ ~were 또는 과거형 동사. to dinner : 저녁 식사에. who would~ : (가정법 과거의 귀결절) 누가 될까. 주어+would · should · could · might+동사 원형 : ~하겠는데. the most interesting : 가장 재미있는. you've taken : 당신이 얻었던(휴가) 중에서.

상황 82 독자의 답변 란·답변 후 같은 질문을

Q : 당신이 지금까지 읽었던 책 중에서 무엇이 가장 훌륭하던가요?

A :

Q : 당신은 지금까지 몹시 심심해 보신 적이 있습니까?
 [지루해 본적이·따분해 본적이]

A :

Q : 당신은 당신이 싫어하는 것을 어떻게 하셔야 합니까?

A :

Q : 당신이 만일 누군가를 저녁 식사에 초대할 수 있다면 누가 될까요?

A :

Q : 당신이 지금까지 얻은 휴가[방학] 중에서 무엇이 가장[어느 휴가가] 재미 있었나요?

A :

Situation 83

The Reader's Answer Column Ask The Same Question Back

Q : What advice would you give the leader of this country?

A :

Q : If you could live anywhere, where would it be?

A :

Q : If you could make a law or rule, what would it be?

A :

Q : What is the worst food you have ever eaten?

A :

Check Point

the leader of : ~의 지도자. anywhere [énihwèər] : 어디든, 아무데도, 어디라도. make a law : 법을 만들다. the worst food : 가장 맛 없는 음식, 가장 나쁜 음식. worst : 가장 나쁜(bad-worse-worst). you have ever eaten : 당신이 지금까지 먹어본 중에서. tracek [træk] : 지나간 자국, 선로, (경기) 경주로, 자국을 내다. 추적하다.

상황 83 독자의 답변 란. 답변 후 같은 질문을

Q: 당신은 이 나라의 지도자에게 무슨 조언[권고]을 하시겠습니까?

A:

Q: 당신이 만일 어디든지 살 수 있다면 그 곳이 어디일까요. 어디에 살겠어요?

A:

Q: 당신이 만일 법이나 규정(규칙)을 만들 수 있다면 무엇을 만드시겠어요?

A:

Q: 당신은 지금까지 먹어본 것 중에서 무엇이 가장 나쁜[가장 맛없는] 음식이었나요?

A:

Situation 84: A Hopeful Sight

A : I saw the scene of the flood damage on television.

B : The local torrential downpours have carried off many people.

A : It looked like hell and some houses were wrecks.

B : Many houses and a lot of farm land have been under water.

A : And I saw many flood sufferers working busily to return to the former condition.
It was a hopeful sight.

B : Yes, they're struggling under the direst of circumstances and even in their darkest hour.

Check Point

the scene of… : …의 현장. the flood damage [ðə flʌd dǽmidʒ] : 수해. local [lóukəl] : 특정한 지방의, 공간의, 장소의, 고장의, 지구. torrential [tɔːrénʃəl] : 급류 같은, 심한, 맹렬한, 격한. downpour [dáunpɔər] : 억수같은 비, 억수. carry off [kǽri ɔːf] : 병 등이 목숨을 빼앗다, 유괴하다, 채가다, 상 등·획득하다, 해내다. look like~ : …처럼 보이다. hell [hel] : 지옥, 지옥과 같은 고뇌의 장소·상태, 생지옥, 마굴, 도박 소굴, 황천. wreck [rek] : 난파선, 표류한 난파선의 잔해, 파괴된 건물·비행기·열차·자동차 등의 잔해. farm land [fáːrm lænd] : 농지, 농토. be under water : 물에 잠겨 있다, 수면 아래로 갈아 앉아 있다. carry it off well : 의젓하게 해 나가다. a sight for sore eyes : 눈요기, 진품, 진객, 보아서 즐거운 것. flood sufferers [flʌd sʌfərərz] : 수재민. busily [bízəli] : 바쁘게, 부지런히, 귀찮게. return to the former condition : 복구하다. hopeful [hóupfəl] : 희망에 차 있는, 기대에 부푼, 희망을 안고 있는. sight [sait] : 광경, 풍경, 조망, 구경거리, 볼만한 것, 웃음거리.

상황 84 : 기대에 부푼 광경(희망이 넘치는 광경)

A : 텔레비전에서 수해 현장을 보았습니다.

B : 집중호우가 수많은 생명을 앗아가 버렸습니다.

A : 마치 지옥 같았고 일부 집들은 난파선들이었습니다.

B : 수많은 집과 농경지가 물에 잠겨 있습니다.

A : 그리고 수재민들이 복구를 위해서 분주히 일하고 있더군요. 희망적인 광경이었습니다. (희망이 넘치는 풍경)

B : 네, 그렇습니다. 암울한 상황 속에서 그리고 절망적인 상황 속에서도 전력을 다하고 있습니다.

Check Point

struggle [strʌ́gl] : 발버둥치다, 몸부림치다, 싸우다, 격투하다, 고생하여 나아가다. **under** : ~에서(상황). **direst** [dáiərist] : 필요·위험 등이 가장 긴박한, 가장 무서운, 가장 비참한(원급은 dire). **circumstances** [sə́ːrkəmstæ̀ns] : 주위의 사정, 상황, 환경, 처지, 형편. **even** [íːvən] : …조차도, 더욱 더, 그러기는커녕 오히려. **darkest hour** [dáːrkist auər] : 가장 불운하고 가장 불길한 때, 실의의 때. **hopefully** [hóupfəli] : 잘만 되면, 아마 (문장 전체 수식); 희망을 가지고, 유망하게.

Situation 86

A : I didn't know you were made that way.

B : You've got it all wrong.
I'm not made that way.

A : Are you sure you can get the record straight?

B : Sure.
That makes no difference in our plans. You got it?

A : I'm sorry I got you wrong.
It makes me think you're right.
Put it there!

B : I'm happy to make peace.

Check Point

be made that way : 그런 식으로 만들어지다, 성격이 그렇다. that way : 그런 식으로, 저쪽으로, 《미속》 반해서, 좋아서. get it all wrong : 전혀 오해하고 있다. Are you sure 주어+동사~ : …할 자신이 있나. sure [ʃuər] : (의뢰·질문의 대답에 써서) 좋고 말고, 물론, …고 말고. make no difference : 영향(효과·차이)이 없다. opp. make a difference / get it : 이해하다. get you wrong : 너를 오해하다. It makes me think 주어+동사~ : 어쩐지 …하다는 생각이 든다. put it there! : 동의·화해의 뜻으로 악수하다. They're that way : 그들은 뜨거운 사이다, 좋아하는 사이다. bury the differences : 의견 차이를 없애다. get the record straight : 오해를 바로 잡다. make peace : 화해하다.

 상황 86 화해의 뜻으로 악수하세!

A : 자네가 그런 성격인지 몰랐네.

B : 그것은 전혀 자네의 오해네.
나는 그런 성격이 아닐세.

A : 오해를 풀어 줄 자신 있나?

B : 있구말구.
그런 일이 있어도 우리 계획에는 별 영향이 없네. 알겠나?

A : 오해해서 미안해.
어쩐지 자네가 옳다는 생각이 드네.
화해의 뜻으로 악수하세.

B : 화해가 되어서 기쁘네.

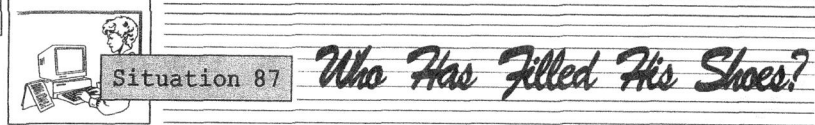

Situation 87 — Who Has Filled His Shoes?

A : What has become of Cha Bum-keun?

B : He has been changed for want of control.
We all hoped much from him but he was not up to the expectation.

A : We've made much of him as a good manager.
Who has taken his place? Who has filled his shoes?
[Who has succeeded his place?]

B : Her Jung-mu has.
He is fully qualified for the Korea team.

A : Do you think he'll inspire our players?

B : I'm sure he'll do much more than that.

A : We'll have to wait and see.
Once we appreciated his tactics.
[science of war]

B : He is to blame for this state.
I'm afraid he did things by halves.

A : There's no room for doubt.
Our team was skunked [shut out].

Check Point

become of : ~이 되다, ~되어 가다. be changed : 경질되다(replace, switch, reshuffle). for want of : ~의 부족으로, ~의 불철저로. hope much from : ~에 큰 기대를 걸다. up to the expectation : 기대에 미쳐. make much of~ : ~을 중히 여기다, 소중히 하다, 중요시하다, 아첨하다, 귀여워하다. take~ place : 후임이 되다. fill~ shoes : 후임이 되다. be fully qualified for~ : ~에 관록이 있다. qualify [kwάləfài] : 적임자로 하다, 재능·자격을 주다, 자격을 얻다, 면허·인가를 받다. inspire [inspáiər] : 생기 띠게 하다, ~

상황 87 누가 후임자가 됐습니까?

A : 차범근 감독은 어떻게 됐습니까?

B : 그 분은 감독 불철저로 경질 됐습니다.
우리 모두(온 국민)는 그에게 큰 기대를 걸었는데 그 기대에 미치지 못했습니다. (기대를 져버렸다.)

A : 훌륭한 감독으로 그 동안 아껴 왔었지요.
누가 후임으로 됐습니까?

B : 허정무 씨가 됐습니다.
한국 국가팀을 이끌 관록이 있는 분입니다.

A : 그 분이 선수들을 분발시킬 것으로 보십니까?

B : 그 이상으로 해낼 것으로 확신합니다.

A : 두고 보아야 겠지요.
한 때 우리는 그의 용병술을 알아주었었는데.
[용병술]

B : 이렇게 된 것은 그의 책임입니다.
아무래도 그가 일을 어중간하게 한 것 같습니다.

A : 의심할 여지가 없습니다.
우리 팀은 영패했다. 한 점도 못 얻었다.

Check Point

의 기분을 돋구다, 고무하다, (사상·감정) 불어 넣다, 주입하다. **much more** : 훨씬 더 많이, 더욱 더. **appreciate~ tactics** : 용병술을 알아주다. **be to blame for~** : ~에 대하여 ~책임이다. **be skunked=get skunked** : 영패하다, 한 점도 못 얻다, 영패. **appreciate** [əpríːʃeit] : 진가, 좋은 점을 인정하다, 높이 평가하다. **tactics** [tǽktiks] : 전술, 전술학, 병법, 용병. **blame** [bleim] : 나무라다, 비난하다, (죄과를 ~에게) 지우다, …의 탓으로 돌리다. **be to blame** : 책임이 있다. …이 나쁘다.

Situation 88 The Diamond Mountains

A : The honorary president Chung Ju-yung is the talk of the town.

B : What's the story about?
You mean the man who donated five hundred head of cattle?

A : Yes. There must be give-and-take in life.
He has made a contract with North Korean authorities to the effect that South and North, both sides, will push ahead to complete the project of Keum-Kang San [the Diamond Mountains] sightseeing development.

B : That sounds great. Money talks everything.
Money opens all doors.

A : Time permitting, he says we'll be able to see the Diamond Mountains from this coming fall forward and one thousand people will go there every day.

B : He is the greatest businessman that Korea has ever produced.
I hope it'll get somewhere.

A : He has set the Thames on fire.
All the world are talking about it.

Check Point

honorary [ánarèri] : 명예직에 있는, 명예를 나타내는, 명예(상)의. **the talk of the town** : 항간에 화제. **donate** [dóuneit] : 증여하다, 기증하다. **give-and-take** [gívəntéik] : 협조, 타협, 상호 양보, 대등하고 공평한 조건에서의 교환(거래). **make a contract with~** : ~와 계약을 체결하다. **to the effect that** : ~라는 취지로. **push ahead** : 추진하다, 강력히 추

상황 88 금강산

A : 명예 회장 정주영 씨가 항간에 화제입니다.

B : 무슨 내용으로 세상에 알려졌습니까?
소 오백 두를 기증하신 분 말씀인가요?

A : 네. 인생이란 서로 의지하고 살아감에 틀림없군요.
그는 북한 당국자와 남북 쌍방이 금강산 관광개발 사업을 완성하기 위해 강력히 추진한다는 취지의 계약을 맺었습니다.
[쌍방의 동의로 by mutual agreement]

B : 듣던 중 반가운 소리군요. 세상이란 돈으로 안 되는 일이 없군.

A : 시간이 허락되면(이르면) 우리는 이번 다가오는 가을부터 시작해서 앞으로 금강산을 구경할 수 있고, 매일 천 명이 거기에 갈 것이라고 말하고 있습니다.

B : 그는 한국이 낳은 가장 위대한 사업가이군요.
그 일이 잘 되어가기를·성공하기를·효과가 있기를 바랍니다.

A : 그는 눈부신 일을 하여 세상을 놀라게 했습니다.
세상에선 그 소문으로 한창입니다.

Check Point

진하다. **that Korea has ever produced** : 지금까지 한국이 낳은. **get somewhere** : 일이 잘 되어 가다. **set the Thames on fire** : 눈부신 일을 하여 세상을 떠들썩하게 하다. **set~ on fire=set fire to~** : ~에 불을 붙이다, 놓다, 태우다, 화제를 일으키다.

Situation 88  **North Korean Submarine**

A : Unfortunately, there was an infiltration of North Korean submarine on the east coast.

B : So I hear.

A : When the friendly settlement is in full swing between South and North, this infiltration of North Korean submarine will put a damper on [throw cold water on · throw a wet blanket over] the long awaited friendly settlement.

B : I feel the same way.
Our government authorities seem to deal with the matter very circumspectly as instructed by the President.

A : I wonder why they came down on the sly on that day of all days.
I can't tell what Kim J.I. has in mind.

Check Point

infiltration [ìnfiltréiʃən] : 침투, 침입, 잠입, 각 개인진(전진), 스며듦. **friendly settlement** : 화해. **be in full swing** : 순조롭게 진행되고 있다. **put a damper on** : ~에 찬물을 끼얹다, ~에 트집을 잡다. **the long awaited** : 모처럼의, 기다리고 기다리던. **deal with the matter** : 그 사건을 처리하다. **circumspectly** [sə́ːrkəmspektli] : 신중하게, 조심성 있게, 사방을 살펴가며. **as instructed by** : ~의 지시에 따라. **I wonder why~** : 왜 ~하는지 궁금하다(모르겠다). **on the sly on that day of all days** : 하필이면 그날에 내밀히. **I can't tell~** : 알 수가 없다, 모르겠다. **what ~has(have) in mind** : ~가 무슨 생각을 하고 있는지, 무슨 마음을 먹고 있는지. **damper** [dǽmpər] : 원기를 꺾는 것(사람), 흥을 깨는 언행, 야유(wet blanket), 트집, 축이는(축축하게 하는) 사람(물건). **on the sly** : 내밀히. **on the sly** : 내밀히, 살짝, 남몰래. **sly** [slai] : 교활한, 음흉한, 몰래 놀아나는 사람, 익살맞은, 장난꾸러기의. **slyboots** [sláibùːts] : (단수취급) 장난꾸러기, 익살꾸러기.

상황 89 북한 잠수함

A : 공교롭게도 동해안에 북한 잠수함의 침투가 있었습니다.

B : 그렇다더군요.

A : 남과 북 사이에 화해가 순조롭게 진행되는 때에 이번 북한 잠수함의 침투는 모처럼의 화해에 찬물을 끼얹게 될 것입니다.

B : 동감입니다.
우리 정부 당국자들은 대통령의 지시에 따라 그 문제를 (충분히 고려하고 용의 주도하게) 대단히 신중히 처리하는 듯 합니다.

A : 저는 왜 그들이 하필이면 그 날에 내밀히 내려왔는지 모르겠어요. 궁금합니다.
나는 김 J.I.가 무엇을 생각하고 있는지 알 수가 없습니다.

Situation 90 — The Snowballing Foreign Debts

A : What's the bottom cause of I.M.F?
Let's get to the bottom of it?

B : We find it difficult to make both ends meet.
It was a big error that major companies had expanded their business lines as an octopus spread its arms.

A : What is more.
Our banks had made illegal reckless loans to the improperly-run companies.

B : What do you suggest we do at this point?

C : The only way of covering the snowballing foreign debts is to promote exports.

A : I'm with you all the way.
I think the best way to get over I.M.F crisis is to strengthen the competitiveness of our goods on international markets.

B : They did nothing but loan out illegally and unreasonably.

Check Point

give oneself up to=do nothing but~ : ~을 일삼다, 탐닉하다. the bottom cause [ðiː bátəm kɔːz] : 근본 원인. get to the bottom of : ~의 진상을 규명하다. make both ends meet : 수입과 지출을 맞추다. expand [ikspǽnd] : 확대하다, 넓히다, 펴다. make illegal reckless loans : 불법 대출을 하다. improperly-run : 부실, 내용이 충실하지 못한, 믿음성이 적은. The only way of~ : 유일한 길. get over I.M.F crisis : I.M.F 위

상황 90 — 상승하는 외채(눈덩이처럼 불어나는 외채)

A : I.M.F의 근본 원인이 무엇입니까?
진상을 규명해 봅시다. 이유를 알아내 봅시다.

B : 살기가 어려워졌습니다.
큰 회사들이 그들의 사업을 문어발 식으로 확장해 왔던 것이 바로 큰 잘못이었습니다.

A : 게다가,
우리 은행들은 부실회사에 불법 대출을 해왔습니다.

B : 이 시점에서 우리가 할 일이 무엇입니까?

C : 상승하는 외채를 충당하는 유일한 길은 수출을 증진하는 것입니다.

A : 전적으로 동의합니다.
제 생각에 I.M.F 위기를 극복하는 최선의 방법은 국제시장에서 우리 상품의 경쟁력을 강화하는 것으로 봅니다.

B : 그들은 불법 대출에, 그리고 무리한 대출에 탐닉했습니다.

Check Point

기를 이겨내다(극복하다). **strengthen** [stréŋkθən] : 강하게 하다, 강해지다. **the competitiveness of** : ~의 경쟁력. **do nothing but** : ~을 일삼다. **loan out illegally** : 불법으로 대출하다. **cover** [kʌ́vər] : (비용 따위) 충분히 치르다, 충당하다(be enough to meet). **snowball** [snóubɔ̀ːl] : 눈덩이처럼 점점 커진다, 가속도적으로 불다. **get over** : (곤란 따위) 극복하다, 이겨내다, (슬픔 따위) 잊다, 지나가다, 넘다, 건너다, 끝마치다, 완성하다.

Situation 91 Economic Staying Power

A : What do you think about current social conditions?

B : It's a matter for consideration. It gets me.
It depends on what you think. [how you take it]
There's nothing to be pessimistic.
I see current social conditions in a rosy light.

A : Don't be too sure of it.
You're too optimistic.

B : Many people were willing to join the gold-raising campaign in perfect accord. [with one accord]
Korean people have sufficient bottom.

A : I'm all for that.
We have economic staying power.
We showed our economic staying power most satisfactorily.

B : That's what they call the sense of national homogeneity.
Union is strength. [Union gives strength.]
We're closely banded together.
[We're strongly united]

Check Point

homogeneity [hòumədʒəníːəti] : 같은 종류 · 같은 성질 · 동성 · 균일 · 균동성. **It's a matter for~** : ~해볼 문제. **There's nothing to be~** : ~할 것 없다. **optimistic** [áptəmístik] : 낙천(낙관)적인, 낙천주의의. **willing to~** : ~기꺼이 ~하는. **join the gold-raising campaign** : 금 모으기 운동에 참여하다. **in perfect accord** : 한마음이 되어. **have sufficient bottom** : 저력이 있다. **most satisfactorily** : 유감없이. **union** [júnjən] : 단결, 결합, 연합, 합동, 결혼, 금실, 화합, 일치, 동맹, 연맹, 노동조합. **be closely banded to-**

상황 91 경제적인 저력

A : 당신은 요즘의 사회상을 어떻게 생각하십니까?

B : 그건 생각해 볼 문제입니다. 약이 오릅니다.
어떻게 생각하느냐에 달려 있지요. 생각할 나름입니다.
비관할 것 없습니다.
나는 요즘의 사회상을 낙관적으로 생각합니다.

A : 너무 낙관하지 마십시오.
당신은 너무 낙관적이군요.

B : 많은 사람들이 한 마음이 되어 금 모으기 운동에 기꺼이 참여했었습니다.
한국 국민은 저력이 있습니다.

A : 찬성입니다.
우리는 경제적인 저력이 있습니다.
우리는 우리의 경제적인 저력을 유감없이 보여주었습니다.

B : 그것이 소위 말하는 민족적 일체감이라는 것입니다.
단결은 힘입니다.
우리는 굳게 단결돼 있습니다.
[〃]

Check Point

gether : 굳게 단결되어 있다. pessimistic [pèsəmístik] : 비관적인, 비관(염세)주의의. be optimistic of~ : ~에 대해 낙관적이다. hold an optimistic view of~ : ~에 대해 낙관적인 견해를 가지고 있다. **The cooking here is very satisfactory.** : 이 집 요리 솜씨는 썩 좋다. see things in a rosy light : 낙관적으로 생각하다. current social conditions : 요즘의 사회상.

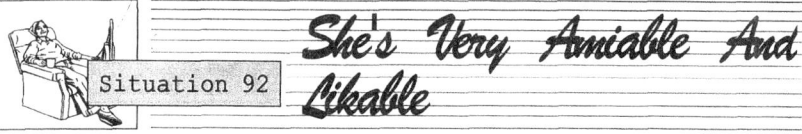

Situation 92 — She's Very Amiable And Likable

A : She's all smiles for everybody.
She's very amiable, affable and likable.

B : What would she say if I started something?
I like her at first sight.

A : She would probably faint.
(He leans forward and grabs her.)

B : You need me, Jane.

C : Let go of me, you're hurting me arm.

B : I've never kissed a girl before.

C : Practice on somebody else.

B : Will you let me kiss you, Jane?

C : Oh, leave me alone.

B : Well, I didn't mean to hurt you, Jane.
Why am I repulsive to you?

C : You're nothing to me.
I'm everything to myself.

Check Point

amiable [éimiəbl] : 사근사근한, 귀여운, 상냥한, 친절한. **likable** [láikəbl] : 마음에 드는, 호감이 가는. **at first sight** : 첫 눈에. **faint** [feint] : 기절하다, 기절, 약한, 희미한. **lean forward** : 앞으로 몸을 내밀다. **grab** [græb] : 움켜잡다, 움켜쥐기. **let go of** : ~을 놓아주다, 놓다. **Will you let me~** : 내가 ~해도 돼, 내가 ~하도록 허락할래. **leave~ alone** : 녀 뒤 좀. **don't mean to~** : ~할 생각은 없어. **hurt** [hə:rt] : 고통을 주다, 상처를 입히다. **repulsive** [ripʌ́lsiv] : 혐오감, 불쾌한, 불쾌감을 일으키는, 몸서리치는, 곁을 주지 않는, 쌀쌀한(repellent), 냉담한.

상황 92 그녀는 대단히 싹싹해서 호감이 간다

A: 그녀는 대단히 사근사근하고 붙임성이 있어서 마음에 듭니다.

B: 내가 만일 어떻게 하면 그녀가 어떻게 나올까?
나는 그녀가 첫 눈에 마음에 든다.

A: 기절이라도 하겠지요.
(앞으로 몸을 내밀며 그녀를 붙잡는다.)

B: 넌 내가 필요해, 제인.

C: 놔요. 팔 다치겠어.

B: 난 여자와 키스해 본 적이 없어.

C: 딴 여자하고나 연습해 보시지.

B: 제인, 키스하도록 허락해 줄래?

C: 제발 놔둬요.

B: 나는 너를 못살게 굴 생각은 없어.
왜 내가 싫지?

C: 당신은 나에게 아무것도 아니지요. (별 볼일 없다.) 관심없다.
나에게는 내가 전부이니까요.

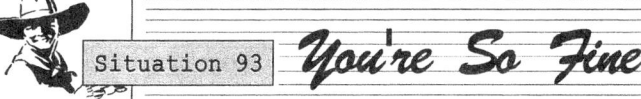

Situation 93 *You're So Fine*

A : Let's go strolling in wonderland.

B : You talk my language.

A : You're the prettiest girl, the loveliest girl, Oh, I've ever seen.

B : Why do they fall in love?
Why do fools fall in love?

A : Oh, that fool is me.
You're so fine.
Why does my heart skip a crazy beat?
Only you can make the darkness bright.

B : Well, you're the one that makes me glad.
You've come into my heart.

A : Lips like strawberry.
Tell me I'm your lover man.
I can't see anyone but you.
I only have eyes for you.

B : I'm thrown into ecstasy.

Check Point

fine : 아름다운, 훌륭한, 벌금, 과료, 매우 원기 왕성한, 더할 나위 없는, 뛰어난, 미모의, 얼굴이 잘 생긴. **stroll** [stroul] : 산책하다, 방랑하다, 산보. **wonderland** : 황홀한 곳. **oh, I've ever seen** : 야, 내가 지금까지 본 중에서. **fall in love(with)=be in love(with)** : (~을) 사랑하다, (~에게) 반하다. **skip a crazy beat** : 심장이 미친 듯이 뛰다. **skip** [skip] : 뛰다, 줄넘기하다, 도약. **beat** [bíːt] : (계속) 때리다, 이기다, 심장의 뜀, 고동. **like strawberry** : 딸기처럼, **lover man** : 애인, 연인. **throw into ecstasy** : 황홀해지다(be thrown into~). **ecstasy** [ékstəsi] : (강렬한 감정에 지배되었을 때의) 무아의 경지, 황홀경, 입신의 경지. **be in ecstasies over~** : ~에 정신이 팔려 있다, ~에 심취되어 있다. **in an ecstasy of joy(grief)** : 기쁨(슬픔)의 절정 속에서

상황 93 : 당신은 너무나 멋집니다 (미모, 얼굴이 잘 생긴, 세련된)

A : 황홀한 곳에서 이리저리 한가로이 산책이나 하러 갑시다.

B : 나와 같은 생각이시군요.

A : 제가 지금까지 본 중에서 가장 예쁘고 사랑스러운 여자분이군요.

B : 왜 사람들은 사랑에 빠질까요?
사랑에 빠지는 것은 어리석은가요?

A : 그 바보가 저랍니다.
당신은 너무나 멋집니다.
이상해요. 왜 심장이 이렇듯 미친 듯이 뛰는지 모르겠어요.
어둠을 밝혀주는 건 당신 뿐입니다.

B : 나의 마음을 즐겁게 해주는 건 당신 뿐입니다.
당신은 내 마음 속에 뛰어 드셨군요.

A : 딸기와 같은 입술.
당신의 애인이라고 말해 줘요.
그대 외에는 아무도 보이지 않아요.
나의 눈엔 당신만이 보일 뿐입니다.

B : 황홀해 졌어요.

Situation 94 Those Who Are Down-And-Out

A : How are things going on with you?

B : Things are bad. It gets on my nerves.
Things are getting serious.

A : Please take courage. Keep your chin up.
Riches bring care.
Riches have wings.
After all, health is everything.
Please take care of yourself.
Money changes hand.
You have nothing to fret about.

B : So, I'm taking a run to Onyang?

A : You're going to the Onyang springs. [hot spring resort]
At it again.
You've got some brains.
By the way today's paper reports(says) the rainy season has set in.

B : The south wind always brings rain.

A : I hope you'll coin money and help those who are down-and-out.
A few day's stay in Onyang will make you healthy.
Have a nice trip.

Check Point

things : 사정, 물건, 일, 생물, 사항. go on : 진행되다, 계속되다. get on~ nerves : 신경 쓰인다. riches [rítʃiz] : (복수로) 재물, 부, 재물의 힘, 부력, 풍부, 많음. fret [fret] : 초조해 하다, 슬퍼하다, 괴롭히다. take a run : 잠깐 여행하다. set in : (계절이) 시작되다, 밀물이 들어오다. coin money : 돈을 많이 벌다.

상황 94 아주 어려운 사람들

A : 경기가 어떠십니까?

B : 경기가 나쁩니다. 신경에 거슬립니다.
사태가 심각해지고 있습니다.

A : 용기를 잃지 마십시오.
부자가 되면 걱정도 늡니다.
재물은 쓸 것이 없습니다.
무엇보다도 건강이 제일입니다.
건강에 유념하세요.
돈이란 돌고 도는 것입니다.
애태우실 필요 없습니다. (속상해 하실)

B : 그래서 온양에 잠깐 여행 다녀 올려구요.

A : 온양 온천에 가시는군요. [온천장]
여전하시군요.
두뇌 회전이 **빠르십니다**.
그런데 신문 보도에 의하면 장마철에 접어 들었다고 합니다.

B : 남풍이 불면 언제나 비가 오죠.

A : 돈 많이 벌어들이시고 어려운 사람들(돈 없고 춥고 배고픈 빈민들)
을 도와 주시기 바랍니다.
온양에 2·3일 묵다 오시면 건강해지실 겁니다.
즐거운 여행 되십시오.

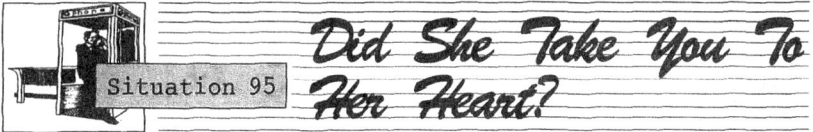

Situation 95: Did She Take You To Her Heart?

A : I took her by the hand.

B : Did she take you to her heart?

A : She took me in her arms.

B : Did you ask her if she wanted to have lunch together.

A : Yeah, she said she would.
We went to a nearby restaurant, where we had a significant talk over lunch.

B : Good show!
I would do the same. Women will be women.

Check Point

take+사람+신체 부분이나 옷 부분 : …를 잡다. take+사람+to+소유격+heart : …를 마음 속으로 받아들이다, 따뜻하게 맞이하다. if [if] : …인지, 어쩐지(명사절을 이끌어). yeah [jɛə, jɛ, jæː] : 응(=yes). nearby [níərbài] : 가까운, 근처에 있는, 가까이로, 가까이에, 근처에. where : (계속적 용법의 관계부사) 그리고, 거기서(여기서는 식당). have a talk : 대화를 하다. significant [signífikənt] : 의미있는, 뜻깊은, 중요한, 소중한, 의미심장해 보이는. over [óuvər] : 들면서, 마시면서. Good show! : (속) 잘 했어, 훌륭하다, 멋있다. will : (습성·경향을 나타냄. 불가피·필연적 사태) …하는 법이다, …은 으레 …한다. Good for you!＝Good for you!＝Bravo! : 잘한다!, 됐어! do the same : 같은 행동을 하다. Boys will be boys : (속담) 사내는 역시 사내다. good show=a good show : 훌륭한 업적

그녀가 자네를 따뜻하게 받아들이던가?

상황 95

A : 나는 그녀의 손을 잡았네.

B : 그녀가 자네를 마음 속으로 받아들이던가?

A : 두 팔로 나를 껴안더군.

B : 점심 식사라도 함께 하기 원하는지 물어봤니?

A : 응, 하겠다더군.
　우리는 근처에 있는 식당에 가서 점심을 들며 의미있는 대화를 했네.

B : 잘 했어!
　나라도 그렇게 했겠네. 여자는 역시 여자라네.

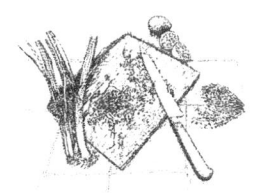

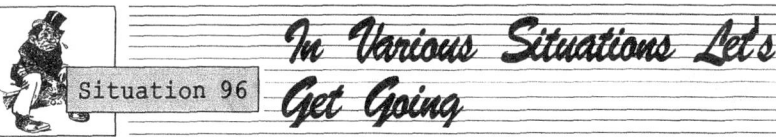

Situation 96 — In Various Situations Let's Get Going

You got a bad fall.
Your tears got me.
Get me that book.
Get the dog out of the room.
Get everything ready.
Don't get your hand dirty.
I get my hair cut today.
I've got plenty of time.
I'm getting old.
I got anxious.
I got caught in the rain.
I got to come.
Let's get going.
I get about a good deal.
Don't get me going.
You'll get yours.
Get hold of it.
Get hold on yourself.
I want to get in with you.
I don't want to get in.
May I get a word in?
Get a doctor in.
Get the work in.
Get him in.
Don't get in my way.
Get into the bus.
You might get into bad habits.

여러 가지 상황에서 슬슬 가 보자

상황 96

너 심하게 넘어졌구나.
너의 눈물에는 손들었다.
저 책 좀 집어다오.
개를 방 밖으로 내보내라.
모든 준비를 갖추어라.
손을 더럽히지 마라.
나는 오늘 이발한다.
나는 시간이 많다.
나는 늙어가고 있다.
나는 걱정이 되었다.
나는 비를 만났다.
나는 겨우 오게 되었다.
슬슬 가 보자. 출발하자. 서두르자.
나는 여행을 많이 한다.
나를 골나게 하지 마라. 나를 자극하지 마라.
너는 벌을 받을 것이다.
그것을 잡아라. 취해라. 붙들어라.
당황하지 말고 침착해라.
너와 친해지고 싶다. 한패가 되고 싶다.
말려들고 싶지 않다.
한 마디 해도 되겠니? 끼어도 되겠니?
의사를 불러주라.
그 일을 소정시간에 맞춰라.
같이 놀아라. (입학시켜라. 당선시켜라. 그를 끌어 넣어라. 참가시켜라.)
나의 방해가 되지 마라.
버스에 타거라. 버스에 들어가거라.
나쁜 버릇에 물들지(빠질지) 모른다.

Situation 97 — In All Cases

You got hurt.
Get into a habit of reading.
Don't get in with bad boys.
You'll get it.
Try to get it together.
You get it on your English lesson.
We're getting near Christmas.
I got off before daybreak.
Get off the grass.
Get our children off to school.
Get this letter off by express.
Get our baby off (to sleep)
Get it off (by heart)
Get him off to sleep.
I want to get off with Miss Kim.
Get off (with you)!
Get in (into) my car.
I always get about.
Don't get above yourself.
Get across the river.
Don't get me across.
The policeman got after the thief.
Try to get ahead of all the other boys in your class.
I hope we'll get along well.
Get away (with you)
I'll get him around.
I'll make my party good.

상황 97 어떤 경우에 있어서도

너는 다쳤구나.
책 읽는 습관을 붙여라.
나쁜 애들과 어울리지 마라. (친하지 마라. 사귀지 마라.)
벌받을 것이다. (꾸지람을 들을 거다. 이해할 거다.)
실력 발휘해서 잘 하도록 해라. 자신을 갖도록 해라. 침착해져라.
너는 영어 학습에 열심이구나. (크게 즐기는 구나.)
크리스마스가 다가오고 있다.
나는 날이 새기 전에 떠났다.
잔디밭에 들어가지 마라.
애들을 학교에 보내세요.
이 편지 속달로 부쳐라.
우리 애기 잠 좀 재우세요.
암기해라.
그를 잠들게 해라.
김 양과 친해지고 싶다. (이성과)
꺼져! (말도 안돼. 집어치워.)
내 차를 타라.
나는 늘 일에 힘을 쏟는다. (여기저기 얼굴을 내민다.)
자만하지 마라. (우쭐해 하지 마라.)
강을 건너가시오.
나를 짜증나게 하지 마라. (골나게 하지 마라.)
경찰관이 도둑을 쫓았다. (추적했다.)
반에서 일등을 해야지. (선두를 달려야지.)
앞으로 잘 협조합시다. (마음이 맞도록 합시다.)
가 버려. (꺼져. 허튼 소리 하지마.)
설득하겠다. 움직이겠다. (나에게 유리하도록)
나의 주장을 관철하겠다. (입장을 좋게 하겠다.)

Situation 98: In Such A Case Don't Get Behind Your Responsibility

We're getting along badly.
Get at the root of the problem.
I want to get away from it all.
Get it away.
Get him away to the country.
Get back a little.
Get the boy back home.
I'll get back at (on) the thief.
I don't want to get behind.
Get behind the trouble.
Let's get behind him.
Do you get behind the trouble?
Don't get behind your responsibility.
Please let me get by.
I think I got by.
Get down off the desk.
May I get down, mother?
Please get down.
The sad news will get him down.
Don't get me down.
Do you get to our classmates?
Honesty pays.
His honesty got to our class.
I neither give a bribe nor take a bribe.
Sometimes I get together my thoughts.
Let's get together.
We got together.

상황 98 — 그와 같은 경우에는 책임을 회피하지 마라

우리는 마음이 맞지 않는다. (협조하지 않는다.)
문제의 핵심을 파악해라.
벗어나고파. (휴가 등을 얻는 따위로 걱정·잡일·책임 등에서)
떼어내라.
그를 시골에 내려보내라.
조금 뒤로 물러나라.
그 소년을 집으로 데려다 주어라.
그 도둑에게 보복하겠다.
공부에서 뒤지고 싶지 않다.
그 문제를 해명해라.
우리 그를 지지하자.
그 사건 불화의 속내를 잘 아니?
책임을 회피하지 마라.
좀 통과시켜 주세요. (지나가게, 빠져나가게.)
그럭저럭 잘 된 것 같다. (성공, 헤어난 것)
책상에서 내려와.
엄마 이제 가도 좋아? (식탁을 물러갈 때)
몸을 굽히세요.
비보는 그를 실망시킬 것이다.
나를 낙심시키지 마라.
우리 동창·급우들과 연락이 되니?
정직해서 손해 없다.
그의 정직이 학급에게 감명을 주었다.
나는 뇌물을 주지도 받지도 않는다.
때때로 나는 생각을 잘 정리한다.
모입시다.
우리는 의견이 일치했다.

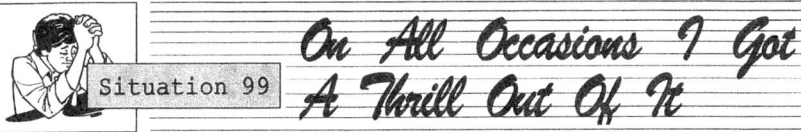

Situation 99 — On All Occasions I Got A Thrill Out Of It

The fire was soon got under.
The prisoner got up.
They get up against our government.
Can you get up to that car?
When shall we get up a picnic?
Have these shirts got up.
Get up your role.
Our players should go up and get.
They didn't have get-up-and-go. [get]
We got up to page 10 last lesson.
We soon got up to others.
I soon got up to the car.
When will you get up to your house warming party?
You get what's coming to you.
I got my wind up.
Let me get my wind.
Don't put the wind up me.
I got a kick out of it. I got a thrill out of it.
Get with his words.
Try to get with it.
Get with it!
Get you [him · her · them]
What has got my request?
What has got his petition?
I got my luggage through a custom house.
The sea got up at dawn. [The wind~. The fire~]

상황 99 — 어떤 경우 있어서도 그것에 쾌감을 느꼈다

화재는 곧 진화되었다.
그 죄수는 출옥했다.
그들은 정부와 대립한다.
저 차를 따라 미칠 수 있나?
언제 소풍 계획을 짜지?
셔츠를 다려서 곧 입을 수 있게 당부해라.
너의 역을 익히도록 해라.
우리 선수들은 분발하기 시작해야 한다.
그들은 패기·열의·주도 적극성이 없었다. [gétʌpəngóu]
지난 시간에 10페이지까지 했다.
우리는 앞선 사람들을 이내 따라 잡았다.
나는 그 차를 이내 따라 붙었다.
언제 집들이 파티 할 계획이니?
당연한 갚음을 받으시는 겁니다.
나는 분개했었다. (울컥했었다.)
숨 좀 돌리자.
나를 깜짝 놀라게 하지마.
그것에 쾌감을 느꼈다. (즐겼다.)
그의 말에 주의해라.
유행에 뒤지지 않도록 해라. 단단히 주의해라. 정신을 쏟아라.
일을 착수해라.
같잖군. (자랑 이야기 따위에 경멸적 반응) 시시한 소리
나의 부탁은 어떻게 됐니?
그의 청원·탄원·진정은 어떻게 됐니?
나의 수화물을 통관시켰다.
바다는 새벽에 사나워졌다. 위세를 더욱 떨쳤다. [바람은~ 불은~]

Situation 100 — Chung J.Y. Could Get Something Out Of Kim J.I.

Get up!
They got up a group.
It get's me up.
What got you there?
I got rattled.
I got out of bed on the wrong side.
You can't get out of that.
Chung JY could get something out of Kim JI.
The train got off the track.
I've got the thing off my chest.
I got off with a slight fine.
Get off the word by heart.
Go ahead and do it.
I'll get off my car.
He got off on gambling. [started in on]
He's getting off with Miss Kim.
Do you get on to what I said?
How are you getting on with your study of English?
You'll get down on Japanese.
Does your wife get on with your mother?
Do you get on with your wife?
When did you get on?
Get him on the train.
Get it on.
Don't get on at me.
Get the baby on to the bicycle.
Get this thorn [your bad tooth · this stain] out.

상황 100 정주영 씨는 김정일에게서 중대한 것을 받아낼 수 있었다

이랴! (끌끌!)
그들은 한 집단(모임)을 만들었다. (조직 창립)
그건 내 신경을 흥분시킨다. (긴장시킨다.)
거기 있는 게 뭐니?
당황했었다.
일어난 뒤 기분이 언짢았다.
너는 그것을 모면할 길이 없다.
정주영씨는 김정일에게서 중대한 것을 받아낼 수 있었다. (그 무엇을)
그 열차는 탈선했다.
마음속에 있던 말을 해버려서 시원하다.
가벼운 벌만으로 모면했다. 벌금 조금으로 때웠다.
그 말을 암기해라.
어물어물하지 말고 해라.
내 차를 처분하겠다. (매각)
그는 노름에 발을 들여 놓았다.
그는 김양과 친해지고 연애관계에 빠지고 있다.
내가 한 말을 이해하기 시작하는가?
영어 공부는 착착 진행시키고 있나? (진척)
너는 일본 사람을 싫어하게 될 거다.
부인은 시어머니와 잘해 나가고 있습니까?
부인과는 마음이 맞습니까?
언제 처음으로 마약을 맞았습니까?
그를 열차에 태우시오.
그걸 몸에 걸치시오. 신으세요. 그걸 씌우세요.
나에게 귀찮게 잔소리 마라.
애기를 자전거에 태워라.
이 가시·충치·얼룩을 빼라.

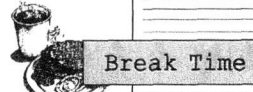 Break Time *Adjective about Weather*

It a very [nice / fine / fair / good / great] [day / weather], isn't it?

좋은 날씨를 표현하는 말은 기본적으로 비인칭 대명사인 It를 사용하여 적절한 형용사를 사용하게 됩니다. 주로 사용되는 형용사에는 다음과 같은 것들이 있죠.

- **nice**   좋은
- **fine**   맑은, 쾌청한
- **clear**   맑게 갠
- **favorable**   순조로운
- **fair**   맑은, 순조로운
- **lovely**   아름다운, 사랑스러운
- **glorious**   찬란한, 영광스런
- **splendid**   놀라운, 찬란한
- **great**   굉장한
- **wonderful**   훌륭한
- **marvelous**   신기한, 믿기 어려운
- **perfect**(*ideal*)   더할 나위없이 좋은

Chapter 2
제2부

Situation 101

After a storm comes a calm.

A : After a storm comes a calm.

B : That's what keeps me alive.

A : Let's go and have a <u>drink on me.</u>
Put on your big smile. Don't you know the saying "Once smile once young. Once anger once old"?

Situation 102

Health is better than wealth.

A : Health is better than wealth.

B : <u>How about</u> eating the Chinese food <u>for a change?</u>

A : I'm all for that.
That <u>way</u> we can save some money.

상황 101 고생 끝에 낙이 온다.

A : 고생 끝에 낙이 온다.

B : 그 맛에 산다.

A : 가서 내 술 한 잔 하지.
한번 크게 웃어보게, 일소 일소 일노 일노라는 말을 모르나?

상황 102 재산보다 건강

A : 재산보다 건강.

B : 기분전환으로 중국 음식이 어떤가?

A : 찬성이네.
그렇게 해야 돈을 좀 절약할 수 있지.

Situation 103
I hear you're getting married

A : <u>I hear</u> you're getting married in fall.
Is your fiancee pretty?

B : <u>More than</u> pretty.
She's intelligent, too.

A : I envy you for finding such <u>a rigth girl</u>.

Situation 104
That's news to me

A : <u>According to</u> Korean tradition, the most noble person is a scholar.
After that, the most noble is a farmer. Then comes an engineer.
<u>And finally</u> there comes a merchant.

B : That's news to me.

상황 103   가을에 결혼한다더군

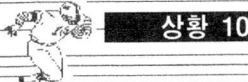

A : 가을에 결혼한다더군.
약혼녀는 예쁜가?

B : 예쁜 정도가 아니네. 총명하기도 하지.

A : 그런 바라던 여자를 만나 부럽네.

상황 104   재산보다 건강

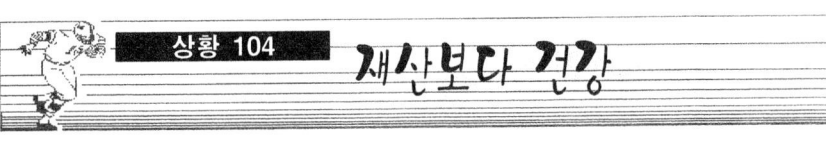

A : 한국 전통에 의하면 가장 고상한 사람은 학자이고, 그 다음 고상한 사람은 농부, 그 다음은 기술자 그리고 마지막으로 상인이 되는 것입니다.

B : 금시초문입니다.

Situation 105: That's good to know

A : Koreans put much emphasis on their children going to college.
If their children don't go to college, Koreans become upset, especially their sons.

B : That's good to know.

Situation 106: How are things?

A : How are things?

B : Well, with the economy so depressed, we're taking a beating.

상황 105

A : 한국 사람들은 자녀들이 대학가는 것을 강조합니다. 만일 그들의 자녀 특히 아들이 대학에 못 가면 불안해 합니다.

B : 알아둘만 하군요.

상황 106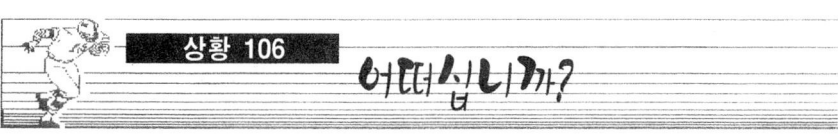

A : 어떠십니까?

B : 글쎄요. 경기가 위축되어 가지고 고전을 면치 못하고 있습니다.

Situation 107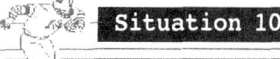
A job with no time off

A : What time do you <u>go to work</u> and <u>leave for the day</u>?

B : I go to work at 7 and work late.

A : You have a job with no time off.
<u>It'll be a lot of bother</u> getting up

Situation 108
I'm always bothering you

A : I'm always bothering you.

B : Don't bother.

A : What is all this bother about?

B : Workers are Kicking up a breeze again.

A : Oh, bother (it)!
Policemen <u>have a lot of bother</u> hol<u>ding</u> them in check.

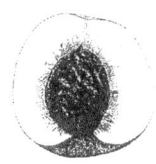

상황 107 쉬는 시간도 없는 직업

A : 몇 시에 출근하고 퇴근하십니까?

B : 7시에 출근해서 밤늦게까지 일합니다.

A : 쉬는 시간도 없는 직업을 가지셨습니다.
  매일 아침 그렇게 일찍 일어나려면 무척 괴로우시겠군요.
  [정말 힘들겠습니다.]

상황 108 늘 폐만 끼치고 있습니다

A : 늘 폐만 끼치고 있습니다.

B : 걱정(염려) 마시오.

A : 아니 이게 웬 야단 들이야?

B : 근로자들이 또 소동을 일으키고 있습니다.

A : 에이, 성가셔! [아이, 지긋지긋해라! 에이, 귀찮아!]
  경찰이 그들을 막고 지탱하는데 몹시 힘이 든다.

Situation 109 *You said it*

A : Never put off till tomorrow what you can do today.
Be prepared, and you'll have no cause for regrets.

B : That's well said.
You said it.

Situation 110 *I stick to nothing*

A : Why don't you try smoking less.
That's how I stopped.

B : I'll try but easier said than done.
To my shame I stick to nothing.

Check Point

try+동사ing~ : 시험삼아 ~해 보다.
try to+동사원형~ : ~하려고 노력하다.

상황 109  지당하신 말씀

A: 오늘 일은 내일로 미루지 마라.
유비무환이다.

B: 그것은 명답인데.
지당하신 말씀입니다.

상황 110  무슨 일에나 끈기가 없습니다.

A: 시험삼아 덜 피우도록 해 보시지요.
나는 그런 식으로 끊었습니다.

B: 노력하지요. 하지만 말하기는 쉽고 행하기는 어렵습니다.
부끄러운 말이지만 저는 작심삼일입니다.
[무슨 일에나 끈기가 없습니다. 곧 싫증을 냅니다.]

Situation 111
Friendly and likable

A : What's one thing that struck you while you're visiting Korea?

B : For the most part, the people are friendly and likable.

A : But I'm sorry to say, some people are not thoughtful.

Situation 112
A deman at golf

A : Koreans are very proud of Se-ri Park.

B : She's a deman at golf.

A : There came a time when Se-ri Park is the queen of golf.

B : It'll be worth seeing how this game will turn out.

Check Point

struck [strʌk] : strike의 과거·과거분사, 남의 심금을 두드리다, 감명을 주다.
thoughtful [θɔ́ːtfəl] : 인정있는, 친절한, 유의하는, 생각에 잠긴, 지각있는.

상황 111 친절해서 호감이가는

A : 한국을 방문하시는 동안 한 가지 인상 깊었던 것은 무엇입니까?

B : 대부분 사람들이 정다워서 호감이 갑니다.

A : 그러나 유감스럽게도 지각이 없는 사람들이 더러 있습니다.

상황 112 골프의 명수

A : 한국 사람들은 박세리 양이 매우 자랑스럽습니다.

B : 그녀는 골프에 귀신같은 사람입니다.

A : 드디어 박세리 양이 골프의 여왕인 시대가 왔습니다.

B : 앞으로 이번 경기가 어떻게 될지 볼만하겠습니다.

Situation 113 — *The number-one woman of golf*

A : She's known to all over the world <u>like the queen of all hearts.</u>

B : I'm rather inclined to doubt it.

A : She's now <u>the number-one woman</u> of golf.

Situation 114 — *Spectators there*

A : Spectators there were looking at Se-ri Park <u>as if they had been fascinated.</u>

B : We were, too.

상황 113

골프의 일인자

A : 그녀는 뭇 사람의 존경과 사랑을 받는 미인처럼 전세계에 알려졌습니다.

B : 나는 도무지 믿어지지가 않습니다.

A : 그녀는 이제 골프의 일인자입니다.

상황 114

거기에 와 있던 관람객들

A : 거기 구경꾼들은 마치 넋을 잃은 사람들처럼 바라보고 있더군요.

B : 우리도 역시 그랬지요.

Situation 115
In fact as well as in name

A : I'm very proud of being a Korean.

B : What makes you say so?

A : Because Se-ri Park is Korean.
She's now the queen of golf in fact as well as in name.

Situation 116
At her age

A : Se-ri Park has made the big time at her age.

B : I really envy her for making the big time at the age of 21.

A : It's so pleasant talking about her.

Check Point

It's so pleasan+동사ing : ~하는 것은 매우 유쾌하다.

상황 115　명실공히

A : 나는 한국 사람인 것을 자랑으로 여깁니다.

B : 왜 그렇게 말씀하십니까?

A : 박세리 양이 한국 사람이기 때문입니다.
　　그녀는 이제 명실공히 골프의 여왕입니다.

상황 116　그 나이에

A : 박세리 양은 그 나이에 돈과 명예를 얻었습니다.

B : 나는 그녀가 21살 나이에 돈과 명예를 얻어 정말 부럽습니다.

A : 그녀에 관한 이야기는 매우 즐겁습니다.

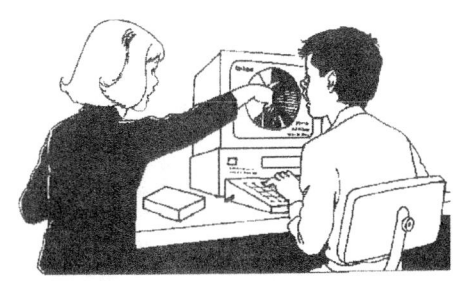

Situation 117: What we need most

A : What we need most is kindness.

B : There're lots of ways we could become kind to others.

A : If we try to be thoughtful of others and if we all were kind to one another, lots of problems could be avoided.

Situation 118: Start being a little more kind

A : That's exactly what we should do.

B : I guess we should start being a little more kind to one another.

A : I feel the same way.

상황 117 — 우리가 가장 필요로 하는 것

A : 우리에게 가장 필요한 것은 친절입니다.

B : 남에게 친절히 대할 수 있는 방법이 많이 있지요.

A : 우리가 남의 입장을 생각하려고 노력하고 만일 우리가 서로 서로 친절하게 대한다면 많은 문제를 피할 수 있을 것입니다.

상황 118 — 좀더 친절해지기 시작하다

A : 그게 바로 우리가 해야 되는 거죠.

B : 서로에게 좀더 친절해지기 시작해야 된다고 생각합니다.

A : 동감입니다.

Situation 119
Ways to be patriot

A : Behind Se-ri Park is her great father.
To use a metaphor, he's a patriot.
Patriots are not always supposed to die for their country.

B : Being a patriot means you have patriotism, love for your country.
There are lots of ways to be a patriot.

Situation 120
Speak out in its defense

A : For example, <u>anything from</u> keeping your neighborhood clean to defending your country.

B : If someone <u>talks about</u> your country <u>in bad terms</u>, and if you <u>speak out in its defense,</u> then it's patriotism, too.

상황 119

A : 박세리 양 뒤에는 위대한 아버지가 있습니다.
비유적으로 말하면, 그는 애국자입니다.
애국자라고 반드시 조국을 위해 죽어야 하는 것만은 아닙니다.

B : 애국자가 된다는 것은 나라에 대한 사랑 즉, 애국심을 갖는 것입니다.
애국자가 되는 길은 여러 가지가 있습니다.

상황 120

A : 예를 들면, 이웃을 깨끗이 하는 것부터 국방에 이르기까지.

B : 만일 누군가가 당신 조국에 대하여 험담을 할 때 당신이 조국을 옹호하는 말을 한다면 그것 또한 애국이지요.

Situation 121
Make the better wife

A : It's O.K. for a woman to get an through college, but when it comes down to choosing a wife, I think the <u>one who is</u> amiable, can cook, and who takes care <u>of the kids, will make</u> the better wife.

B : Did your wife get through college?

Situation 122
Health is better than wealth.

A : "Health is better than wealth" <u>says</u> an English proverb.

B : It's <u>not until</u> we fall ill that we realize the truth of this proverb.

A : Health comes first.

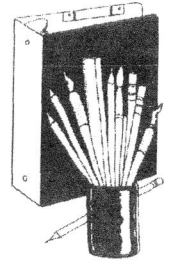

상황 121 양처가 되다

A : 여자<u>가</u> 대학을 나오는 <u>것은</u> 좋지만 부인을 고르<u>게 되면</u> 저는 상냥하고 요리 잘하고 아이를 잘 기르는 여자면 부인으로 좋다고 생각합니다.

B : 부인께선 대학을 나오셨습니까?

상황 122 건강이 최고다

A : 영국 속담에 재산보다 건강이란 <u>말이 있습니다.</u>

B : 한번 병이 나 <u>봐야 비로소</u> 이 속담의 진실됨을 깨닫게 됩니다.

A : 건강이 최고입니다.

Situation 123 — How to get round

A : Try to get yourself together.

B : Good counsel never comes amiss.

A : She got something on you.

B : I know how to get round her.

Situation 124 — Say hello for me

A : How's your work?

B : It keeps me busy but I have a kind boss.

A : How's your family?

B : They're very well, thanks.

A : Say hello for me.

B : Thanks, I will.

상황 123 ...를 구워 삶는 방법

A : 자제하도록 하게.

B : 좋은 조언은 언제나 고마운 것이지.

A : 그녀가 자네의 약점을 잡았네. (불리한 정보를 입수했네.)

B : 나는 그녀를 구워 삶는 방법을 알고 있지.

상황·124 안부 전해 주게

A : 직장 생활은 어떤가?

B : 바쁘지만 친절한 상사가 있네.

A : 가족은 어떤가?

B : 다 잘 있네, 고마워.

A : 대신 안부 전하게.

B : 그러지, 고마워.

Situation 125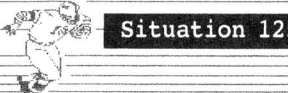
About the same

A : It's been a long time.

B : How long has it been?

A : The last time I saw you was in May.

B : I guess it was.
How are things going with you?

A : About the same.

Situation 126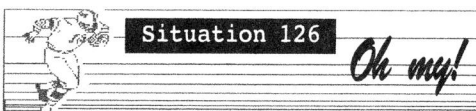
Oh my!

A : You have the water running in the bathtub.

B : Oh my!

A : Don't forget to turn it off.

B : It won't happen again.

상황 125

A : 오랜만이군.

B : 얼마만인가?

A : 마지막 본게 5월이었지.

B : 그런가봐.
형편이 어떤가?

A : 늘 그렇지 뭐.

상황 126

A : 너는 욕조에 물을 틀어 놓은 채 있구나.

B : 어머나!

A : 잊지 말고 잠가라.

B : 또 그런 일은 없을 거야.

Situation 127 I'll have it out

A : You <u>look sad.</u> What's the matter?

B : I have several problems troubling me.

A : What would you have me do?
I'll <u>have</u> it <u>out</u>.

B : <u>Only you</u> can make the darkness bright.

Situation 128 Do as you like.

A : Shall we <u>take a turn</u> on the beach?

B : You talk my language.

A : I feel like <u>taking the water</u>.

B : Do as you like.
Let me <u>take</u> you <u>in</u> bikini.

A : <u>I take better</u> standing.

B : Please take down your hair.

A : Like this?

B : That's it. Hold it!
Now say "cheese." (click)
There you go.

상황 127 내가 그 일을 처리한다

A : 울상인데 무슨 일인가?

B : 몇 가지 문제로 골치를 앓고 있네.

A : 내가 무엇을 해 주었으면 좋겠나?
   내가 그 일을 <u>처리한다</u>.

B : 어둠을 밝혀주는 건 <u>자네 뿐</u>이네.

상황 126 어머나!

A : 바닷가를 산책할까요?
B : 나와 같은 생각이시군요.
A : 물 속에 <u>뛰어들고</u> 싶어요.
B : 좋으신대로.
   비키니 입은 모습을 <u>찍겠어요</u>.
A : 나는 서서 <u>찍는 편이</u> 잘 나와요.
B : 머리를 풀어 보세요.
A : 이렇게 말이죠?
B : 잘 됐어요. 움직이지 마시고
   '치 — 즈' 하세요. (찰칵)
   됐습니다. (찍고 나서)

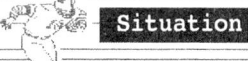

Situation 129 — She's resourceful

A : Without boasting my wife I may say, she's a good listener. She loves kids.
She has patience and common sense.
She's resourceful. She never pushes me even for worse.

B : I really envy you for your good wife.
What did you do during the consecutive holidays?

A : I swept my wife off her feet.
I bought her a diamond ring and some flowers.
Then I took her to a real restaurant.
You know with linen and wine and good music, good lighting.

Check Point

without boasting… I may say : 자랑은 아니지만. a good listener : 잘 들어주는 사람. patience [péiʃəns] : 인내심(참을성) 있는, 끈기있는, 느긋한, 끈덕진, 근면한. common-sense [kámənséns] : 상식, 양식(경험에서 얻은 사리 분별), 공통의 느낌(감각). resourceful [rísɔərsfəl] : 기량이 풍부한, 변통성 있는, 재치·목적·요구 등을 밀고 나아가다. 마약 등 밀매하다. even for worse : 나쁠 때도. really [ríəli] : 정말로, 실은, 사실은, 참으로, 착실히, 그래? 어머, 아니? 정말인가? envy [énvi] : 부러워하다, 시기하다, 질투하다, [때로 pl.] 질투, 선망, 시기. envy A for B : B한 A가 부럽다. consecutive holidays [kənsékjutiv hálədei] : 연휴. sweep 사람 off 사람의 feet : 열광케 하다, 벌렁 넘어지게 하다, 파도가 사람의 발을 쓸다. then [ðen] : 그 다음에, 그리고 나서, 그 때, 그렇다면. take-took-taken : 데리고 가다, 가지고 가다, 잡다, 얻다, 받다, 선택하다, 떠맡다. a real restaurant : 고급 식당. You know : (단지 간격을 두기 위해·다짐하기 위해) 보다시피, 아시다시피, 응(그렇지)? with linen and〜 : 고급 식탁보를 깔고 《with : …하여, …한 채로, …하면서, …해 놓고 등 부대 상황》 lighting [láitiŋ] : 조명(법), 조명 장치, 무대 조명, 점화, 점등, 빛의 배치, 명암. Not really! : 설마! Really! : 과연! Well really! : 뭔! 저런 저런! I want to know= Well, Well! : 원 저런! 정말이야? (놀람을 나타내어) know what's what=know the time of day : 물정에 환하다. 사리를 잘 알고 있다. 약삭 빠르다.

상황 129 그녀는 수완이 비상하다

A : 부인 자랑은 아니네만,
　　나와 사람들의 이야기를 잘 들어주고 아이들을 사랑하고 참을성이
　　있고 상식도 지닌 데다가 수완이 비상하다네.
　　궂은 일이 있을 때도 절대로 들볶는 일이 없다네.

B : 훌륭한 부인을 둔 자네가 정말 부럽네.
　　연휴 동안에 무엇을 했나?

A : 나는 부인을 열광시켰네.
　　다이아 반지와 꽃을 사주었지.
　　그리고 나서 일류 식당엘 데리고 갔었네.
　　그러니까 최고급 식탁보를 깔고 포도주가 나오고 멋진 음악과 근사
　　한 조명이 있는 그런 식당 말이네.

 Break Time *Adjective about Weather* ②

It seems	cloudy.	cold.
	hot.	humid.
	muggy.	rainy.
	snowy.	sunny.
	warm.	windy.

나쁜 날씨를 표현하는 경우에도 비인칭 대명사인 It를 사용하여 적절한 형용사를 사용하게 되는 것은 마찬가지 입니다. 이때 주로 사용되는 형용사에는 다음과 같은 것들이 있습니다.

- **awful**　(폭풍우 등이) 장엄한
- **breezing**　산들바람이 부는
- **chilly**　냉냉한, 으스스한
- **cold**　추운, 찬
- **damp**　축축한, 습기찬
- **freezing**　얼것만 같은, 몹시 추운
- **hot**　뜨거운, 더운
- **inclement**　혹독한, 추운
- **miserable**　고약한, 구질구질한
- **muggy**　무더운, 몹시 더운
- **rainy**　비가 오는
- **stormy**　폭풍우가 내리는
- **unfavorable**　불길한
- **unreliable**　믿을 수 없는
- **warm**　따뜻한
- **bad**　(일반적 의미의) 나쁜
- **changeable**　변하기 쉬운, 변덕스런
- **cloudy**　흐린, 구름이 낀
- **cool**　시원한, 차가운
- **foggy**　안개가 자욱한
- **horrid**　무시무시한
- **humid**　습기있는, 눅눅한
- **mild**　온화한, 포근한
- **misty**　안개가 짙은
- **nasty**　험악한, 거친
- **snowy**　눈이 많은, 눈이 내리는
- **sunny**　양지바른
- **unpredictable**　예언할 수 없는
- **unsettled**　일정치 않는, 변하기 쉬운
- **windy**　바람이 센, 바람이 부는

Appendices 1
부 록 1

상점영어(상황별 비즈니스 회화)

상황 1 손님이 오면

- [ ] Welcome
  웰컴
  어서 오십시오.

- [ ] Come right in, please.
  컴 라이틴 플리즈
  어서 오세요.

- [ ] Come on in.
  컴 온 인
  어서 오너라. (아이들에게)

- [ ] Welcome to our store.
  웰컴 투 아우어 스또어
  우리 상점에 오신 것을 환영합니다.

- [ ] We have many kinds.
  위 해브 메니 카인즈
  여러 가지를 팔고 있습니다.

- [ ] Please feel free to look.
  플리즈 휠 푸리 투 룩
  부담 갖지 말고 구경하세요.

- [ ] I hope you find something you like.
  아이 호우프 유 화인드 썸띵 유 라이크
  마음에 드시는 물건이 있기를 바랍니다.

- [ ] Good afternoon, sir(ma, am).
  굿 애프더눈 썰
  안녕하세요, 부인(손님)

- [ ] May I help you?
  메이 아이 핼프 유
  무얼 찾으시나요? (도와 드려도 될까요?)

상황 2 · 상점이나 물건 소개

☐ This is not a discount store.
여기는 싸구려 상점이 아닙니다.

☐ This is a whole sale store.
여기는 도매상입니다.

☐ Our store is dependable.
우리 상점은 믿을 만 합니다.

☐ We never ask two prices.
일부러 값을 비싸게 부르지 않습니다.
(이중 가격을 부르지 않습니다.)

☐ We never charge you too much.
바가지 씌우는 일이 전혀 없습니다.

☐ Our prices are reasonable.
우리 가격은 적당합니다.

☐ We are selling at the current price.
우리는 시세대로 팝니다.

☐ The price ranges from 500 won to 10,000 won depending on the accessories.
가격은 액세서리에 따라서 오백원에서 만원까지 있습니다.

☐ I have run this saleroom going on 10 years.
나는 이 매장을 십년 동안 운영해 오고 있습니다.

☐ We have home trade and foreign trade.
우리는 국내 장사나 해외 무역도 합니다.

상황 3 물건에 대하여

- [ ] What item are you interested in?
  왓 아이템 아유 인트레스티드 인
  어느 물건(상품)에 관심이 있습니까?

- [ ] How do you like this one?   손님, 이건 어떠십니까?
  하우 두 유 라이크 디스 원

- [ ] How about this one?   이건 어떠십니까?
  하우 어바웃 디스 원

- [ ] This one is in fashion now.   지금 이게 유행입니다.
  디스 원 이즈 인 훼숀 나우

- [ ] This one is going well.
  디스 원 이즈 고우잉 웰
  이것이 잘 팔립니다. (잘 들 사간다)

- [ ] This one is popular among foreigners.
  디스 원 이즈 파퓨러 어멍 포리너즈
  이것이 외국인들 사이에 인기가 있습니다.

- [ ] Many foreigners are buying them.   많은 외국인들이 사갑니다.
  매니 포리너즈 아 바잉 뎀

- [ ] Quite a lot is going abroad.
  콰이 어 랏 이즈 고우잉 어브로드
  상당량이 해외로 팔리고 있습니다.

상황 4 신제품 권유

- [ ] This is the newest thing just put out.
  디스 이즈 더 뉴이스트 띵 져스트 푸 다웃
  새로 나온 신제품입니다.

- [ ] Don't you think it's very attractive?
  돈 추 띵크 잇쓰 베리 어추렉티브
  아주 매력적이라고 생각되지 않으십니까?

- [ ] I think this one might go well in your country.
  아이 띵크 디스 원 마이트 고우 웰 인 유어 칸추리
  내 생각에 이것이 당신 나라에서 잘 팔릴 것 같습니다.

- [ ] Don't you think it's a money maker?
  돈 추 띵 잇쓰 어 머니 메이커
  돈벌이가 될만한 물건이라고 생각지 않으십니까?

- [ ] This one comes expensive.
  디스 원 컴스 익스펜시브
  이것은 값이 비싸게 먹힙니다. (공이 들어간 재료값)

- [ ] What item do you think might go well in your country?
  왓 아이템 두 유 띵크 마잇트 고우 웰 인 유어 칸추리
  당신 나라에서는 어느 상품이 잘 팔릴 것(잘 먹힐 것) 같습니까?

상황 5 비싸다고 할 때

☐ I don't think it's expensive. 비싸다고 생각지 않습니다.
  아이 도운 띵크 잇쓰 익스펜시브

☐ It would be a good price. 좋은 값(싼 값) 입니다.
  잇 우드 비어 굳 푸라이스

☐ It would be a good buy. 싸게 잘 사시는 겁니다.
  잇 우드 비어 굳 바이

☐ Please name your price. 당신이 값을 불러 보십이오.
  플리즈 네임 유어 푸라이스 (얼마면 사시겠습니까?)

☐ Don't bid so low. 그렇게 낮게 깎지 마십시오.
  도운트 삐드 쏘우 로우

☐ We lose money at the price. 그 값이면 밑집니다.
  위 루즈 머니 에 더 푸라이스

☐ We can not sell at cost. 원가로는 팔 수가 없습니다.
  위 캐낫 쎌 엣 코스트

☐ 2 thousand won is our rock-bottom price.
  투 따우전 원 이즈 아우어 락 바틈 푸라이스
  이천원 밑으로는 안 됩니다. (이천원이 최저 가격입니다.)

☐ Accessories give little profit. 액세서리는 이문이 박합니다.
  악쎄서리즈 기브 리들 푸리핏

상황 6 　가격 결정과 신속한 흥정

- [ ] We are selling at a wholesale price.　도매가격으로 팝니다.
  위 어　　쎌링　　에 더　　호울쎄일　　푸라이스

- [ ] We are selling at a reduced price.　할인된 가격으로 팝니다.
  위 어　　쎌링　　에 더　　리듀스트　　푸라이스

- [ ] We are selling at a fixed price.　정찰제로 팝니다.
  위 어　　쎌링　　에 더　　픽스트　　푸라이스

- [ ] Your limit leaves me no margin.
  유어　리밋트　리브즈　미　노우　마아진
  당신이 부르신 가격으로는 이문이 없습니다.

- [ ] You have to meet our figure.
  유　해프　터　밋　아우어　피기어
  우리가 요구하는 가격에 응하셔야 합니다.

상황 7 구입양을 물어볼 때

☐ What quantity do you have a mind to buy?
　왓　쿠완티티　두　유　해브　어　마인드　투　빠이
　얼마나 사실(구입하실) 생각이십니까?

☐ Please make a list of what you are likely to want.
　플리스　메이크　어　리스트　옵　왓　유 아　라이크리 투　원트
　필요하다고(원하시는) 생각되어지는 것들을
　여기다 표를 만들어 보십시요.

☐ Please write down what you are likely to want.
　플리스　라잇　따운　왓　유 아　라이클리 투　원트
　필요하다고(원하여지는 것들이라고) 생각되어지는
　것들을 여기 써 보십시요.

☐ We have closed the deal.　　　　홍정은 끝났습니다.
　위　해브　클로우즈드　더　디얼

☐ Let's put in into writing and sign it.
　랫쓰　푸딧　인투　라이팅　앤드　싸인　잇
　문서화 해서 서명 합시다.

상황 8 — 호텔까지 물품 배달

☐ Which hotel are you staying at? 어느 호텔에 묵고 계십니까?
　윗치　호텔　　아 유　　스때잉　엣

☐ I'm staying at the Rex Hotel. 나는 렉스 호텔에 묵고 있습니다.
　아임　스때잉　엣 더　렉스　호텔

☐ What's the room number? 몇 호실 입니까?
　왓쓰　더　룸　　넘버

☐ Room 505. 505호실 입니다.
　룸　화이브 오우 화이브

☐ Do you want us to deliver them to the hotel?
　두 유　원트　어스 투　딜리버　뎀　투 더　호텔
　호텔까지 배달해 주기 원하십니까?

☐ May I leave them with the information man?
　메이 아이 리-브　뎀　위스 디　　인포메이숀　　맨
　호텔 접수대에 맡겨 놔도 되겠습니까?

☐ Sure. 되고 말고요.
　슈어

☐ By what time do you want us to deliver?
　바이　왓　타임　두 유　원트　어스 투　딜리버
　몇 시까지 배달해 주기 원하십니까?

☐ The sooner the better. 빠를수록 좋습니다.
　더　쑤너　더　배러

상황 9 호텔에서 전화해서

- [ ] Operator. May I help you? 교환입니다. 몇 번 대드릴까요?
  아퍼레이터. 메이 아이 헬프 유

- [ ] Room 505, please. 505실 부탁합니다.
  룸 505, 플리즈.

- [ ] Mr. Brown? This is Mr. Yoon from ○○○.
  미스터 부라운? 디스 이즈 미스터 윤 푸롬 ○○○
  브라운씨 입니까? 저는 ○○○에 윤입니다.

- [ ] I have left them with a clerk. 접수대에 맡겨 놓았다.
  아이 해브 래프트 뎀 위스 어 클럭

- [ ] Please take them back from the clerk. 찾아가세요.
  플리즈 테이크 뎀 빽 푸롬 더 클럭

- [ ] Please give me a call after you take them back.
  플리즈 기브 미 어 콜 애프터 유 테이크 뎀 빽 찾고 나서 전화 주십시오.

- [ ] Please take them back from the reservations department. 호텔 예약과에서 찾아가십시오.

- [ ] Please take them back from a reservations clerk.
  예약 담당 직원에게서 찾아가십시오.

- [ ] I have left them with the reservations department.
  호텔 예약과에 맡겨놨습니다.

- [ ] I have left them with a reservations clerk.
  호텔 예약 담당 직원에게 맡겨 놓았습니다.

- [ ] Please go and ask for them. 가서 달라고 하십시오.

- [ ] I told him to take care of the luggage till you call for it. 당신이 가지러 올 때까지 보관하라고 일러 두었습니다.
  ※ 여기서 them은 goods(물건)

상황 10 기타 표현

☐ I'm sure this one will be praised by every one.
　아임　슈어　디스　원　윌　비　프레이즈드　바이　에브리 원
　　　　　　　이 물건은 누구나 다 좋다고 칭찬할 것입니다.

☐ We cannot sell at a loss.　　손해 보면서는 못 팝니다.
　위　캣낫　셀　에 더　로쓰

☐ We cannot sell without a profit.　이문 없이는 못 팔지요.
　위　캐낫　셀　위스 아웃 어　푸로잇

☐ Business is business, you know.　장사는 장사니까요.
　비즈니스　이즈　비즈니스,　유　노우

☐ Appearance comes first before price.
　어피어런스　　컴스　펄스트　비폴　푸라이스
　가격보다는 외관(모양)이 우선이지요.

☐ Personally, I would recommend.　개인적으로 권하고 싶습니다.
　펄스널리　아이　우드　레커멘드

☐ You have to realize.　　손님, 이건 알아 두셔야 합니다.
　유　해프　투　리얼라이즈

☐ It's worth much more than the price.
　잇쓰　우얼스　머치　모얼　덴　더　푸라이스
　제값 이상의 가치를 지니고 있습니다.

상황 11 기타 표현

- [ ] Is this what you want? 찾으시는 것이 이것입니까?
  이즈 디스 왓 유 원트

- [ ] Yes, that's what I want. 네, 그것이 내가 원하는 것입니다.
  예쓰, 댓쓰 왓 아이 원트

- [ ] Please look for quality not just a steal.
  플리즈 루크 포 쿠알리티 낫 저스트 어 스띨
  싸구려를 찾지 마시고 질을 보셔야지요.

- [ ] You get what you pay for. 싼 것이 비지떡입니다.
  유 겟 왓 유 페이 포

- [ ] Are the prices working for you or aganist you?
  아 더 푸라이씨즈 월킨 포유 유 어 어겐스트 유
  값이 맞습니까? 안 맞습니까?

- [ ] It's cheap at the money. 그 값이면 싼 것입니다.
  잇쓰 칩 에더 머니

- [ ] You got a good deal. 당신은 거저 먹기로 사셨습니다.
  유 가러 굿 디얼

- [ ] At that price, it's a steal. 그 값이면 거저입니다.
  에 댓 푸라이스 잇쓰 어 스띨

상황 12 기타 표현

☐ We have a wide assortment.
위 해브 어 와이드 어쏠트먼트
우리는 구색을 제대로 갖추고 습니다.

☐ This is all we have.
디스 이즈 올 위 해브
이것 밖에는 더 없습니다.

☐ How soon do you need them? 언제까지 필요하십니까?
하우 순 두 유 니드 뎀

☐ I will have them made as soon as I can.
아이 윌 해브 뎀 메이드 애즈 쑨 애즈 아이 캔
가능한 한 빨리 만들어 놓겠습니다.

☐ How many do you need? 몇 개나 필요하십니까?
하우 매니 두 유 니드

☐ I'll let you know later. 나중에 전화 드리겠습니다.
아일 랫 유 노우 래이터

☐ We can go into details later on. 나중에 자센한 이야기 합시다.
위 켄 고우 인투 디테일스 래이러 온

☐ Does it go beyond your budget? 예산을 초과하는 금액입니까?
더스 잇 고우 삐안드 유어 뻐짓

☐ Please pay in advance. 선불해 주세요.
플리즈 페이 인 어드밴스

☐ Please pay in cash. 현금으로 지불해 주세요.
플리즈 페이 인 캐시

☐ Please pay in full. 전액을 지불해 주세요.
플리즈 페이 인 풀

상황 13 기타표현; 손님이 가려고 할 때
주문을 부탁할 때 대접하려고 할 때

☐ Whose life is it any way, you know.
후스 라이프 이즈 잇 애니 웨이, 유 노우
　　　　　　　　　내 인생은 나의 것 아닙니까?

☐ How about a drink to that?
하우 어바웃 어 드링크 투 댓
　　　　　　　　그런 의미에서 술 한 잔 어떻습니까?

☐ How about a coffee to that?
하우 어바웃 어 코피 투 댓
　　　　　　　　그런 의미에서 커피 한 잔 어떻습니까?

☐ I'm treating.　　　제가 대접하겠습니다.
아임 추리링

☐ Be my guest.
비 마이 게스트
　　　　　　저에게 찾아오신 손님입니다. 제가 대접하겠습니다.

☐ Before you rush off, please place some orders.
비포 유 러쉬 오프, 플리즈 플레이스 썸 오덜즈
　　　　　　급히 가시기 전에, 주문을 좀 해 주십시오.

☐ What has become of the accessories you took last time?
왓 해즈 비컴 오프 디 액세서리즈 유 툭크 래쓰 타임
　　　　　　사가셨던 지난 번의 액세서리는 어떻게 됐습니까?

☐ I made some profits.　　이문을 좀 남겼습니다.
아이 메이드 썸 푸라핏쓰

☐ Are you leaving?　이제 가시는 겁니까?
아알 유 리브링

※ make a good profit : 상당한 이문을 남기다.

 **상황 14 기타 표현**

- [ ] We have something cheaper.　더 싼 것들도 있습니다.
- [ ] We have handbags that are as cheap as 15,000 won, but I would not recommend them.
  만오천원 가량 되는 것들이 있는데 그러나 권할 만한 것이 못됩니다.
- [ ] This one is rather expensive. It is made of imported leather.
  이건 조금 비쌉니다. 수입 가죽으로 만들어 졌습니다.
- [ ] There are many cheaper kinds.
  더 싼 종류도 있습니다.
- [ ] This handbag costs only half the amount.
  이 가방은 그 반액 밖에 안 나갑니다.
- [ ] This is one of our best selling bandbags.
  이것이 저의 상점에서 가장 잘 팔리는 가방 중 하나입니다.
- [ ] This is a well-known store and our handbags are always dependable.
  이 곳은 정평이 있는 상점이라서 저의 가방은 언제나 신용할 수 있습니다.
- [ ] You'll never regret it if you buy.
  사 가셔도 조금도 후회는 안하실 겁니다.
- [ ] It's worth much more than that.
  제값 이상을 지니고 있습니다.
- [ ] This handbag is in fashion now.
  이 가방이 지금 유행입니다.
- [ ] It's very cheap at the unit price.　그 단가면 싼 것입니다.
- [ ] You picked out a nice one.　좋은 걸 고르셨군요.
- [ ] May I ask what kind of handbag you are interested in?
  실례지만 어떤 가방에 관심이 있으십니까?

상황 15 — 기타표현: 상품 소개, 손님이 물건을 골랐을 때

☐ Small profits and quick returns is our motto.
　스몰　프라핏쓰　앤드　퀵　리턴스　이즈 아우어　마토우
　　　　박리다매가 우리의 표어입니다.

☐ As ours is well-known store, our wares are always dependable.
　애즈 아우어즈 이즈 웰　노운　스또어, 아우어　웨어즈　아　올웨이즈　디펜더블
　우리는 정평있는 상점이라서 우리 상품은 늘 믿을 수 있습니다.

☐ I'm sure you'll like it.　　써 보시면 마음에 드실 겁니다.
　아임　슈어　유을　라이크 잇

☐ You picked out a nice one.　좋은 것을 고르셨습니다.
　유　픽트　아웃 어　나이쓰　원

☐ It looks very good on you.　당신에게 잘 어울립니다.
　잇　룩스　베리　굿　온　유

☐ Please look at yourself in the mirror.　거울을 보세요.
　플리즈　룩크　엣　유어셀프　인　더　미러

☐ It's a new style.　　그것은 신형입니다.
　잇쓰 어　뉴　스따일

☐ It's quite the rage this year.　그것은 금년에 일대 유행입니다.
　잇쓰　쾌잇　더　레이지　디스　이어

☐ We have many kinds.　우리는 여러가지를 팝니다.
　위　해브　매니　카인즈

☐ Here is one that is very popular.
　히어즈　원　댓　이즈　베리　파퓰러
　여기 이 물건이 대단히 인기가 있습니다.

상황 16 기타표현; 최저 가격, 전액수에서 좀 깎아줄 때

☐ It's the cost of production.　　　　그건 생산가입니다.
　잇쓰　더　코스트　옵　푸러덕쑌

☐ What is your lowest price?　　　　최저 가격이 얼마입니까?
　왓　이즈　유어　로우이스트　푸라이스

☐ What is your best price?　　　　최저 가격이 얼마입니까?
　왓　이즈　유어　베스트　푸라이스

☐ What is your rock-bottom price?　최저가격이 얼마 입니까?
　왓　이즈　유어　락 빠틈　푸라이스

☐ Tell me your lowest price.　　　　에누리 없이 얼마입니까?
　텔　미　유어　로우이스트　푸라이스

☐ Isn't there any discount?　　　　좀 안 깎아 줍니까?
　이즌트　데어　애니　디스카운트

☐ Normally, we do not give any discounts, for the prices
　노멀리　위　두　낫　기브　애니　디스카운쓰,　포　더　푸라이씨스
　have already been greatly reduced.
　해브　올레디　빈　그래잇리　리듀스트
　보통 우리 상점은 할인이 없습니다. 이미 큰 폭으로 감해져 있으니까요.

☐ But as you have made a big purchase, I will take ten
　뻣　애즈　유　해브　메이드　어　빅　펄쳐스,　아 일　테이크　텐
　thousand won off the total.
　따운전드　원　오프　더　토우틀
　그렇지만 많이 사셨기 때문에 총액수에서 만원을 감해 드리겠습니다.

상황 17 좀더 싼 것들도 있다고 할때 / 제일 잘 나가는 물건을 소개할때

☐ **We have something cheaper.** 더 싼 것들도 있습니다.
위 해브 썸띵 취퍼

☐ **There are many cheaper kinds.** 더 싼 종류도 많이 있습니다.
더 아 매니 취퍼 카인즈

☐ **We have accessories that are as cheap as 7 thousand won.**
위 해브 액세서리즈 댓 아 애즈 칩 애즈 쎄븐 따우전드 원
7천원 가량의 액세서리도 있습니다.

☐ **This one costs only half the amount.**
디스 원 코스쓰 오운리 해프 디 어마운트
이것은 그 반액 밖에 안 됩니다.

☐ **It's very cheap at that unit price.** 그 단가면 아주 싼 것입니다.
잇쓰 베리 칩 에 댓 유니트 푸라이스

☐ **This one is rather expensive.** 이것은 조금 비쌉니다.
디스 원 이즈 래더 익스펜시브

☐ **It is made of imported material.**
잇 이즈 메이드 옵 임폴티드 머티어리얼
그것은 수입 재료로 만들어 졌습니다.

☐ **This is one of our best selling accessories.**
디스 이즈 원 옵 아우어 베스트 쎌링 엑쎄서리즈
이것은 저의 상점에서 가장 잘 팔리는 액세서리 중에 하나입니다.

☐ **You'll never regret it if you buy.**
유을 네버 리그렛 잇 이프 유 바이
만일 사셔도 전혀 후회는 안 하실 겁니다.

상황 18 어떤 물건을 찾느냐고 물을 때, 재고가 부족할 때

☐ Do you have anything special in mind?
　두　유　해브　애니띵　스뻬셜　인　마인드
　　　　　　　　뭐 특별한 거라도 찾으십니까?

☐ May I ask what kind of accessory you are interested in?
　메이 아이 애스크 왓 카인드 옵 액쎄서리 유아 인트레스티드 인
　무슨 종류의 액세서리에 관심(흥미)이 있으신지 물어봐도 되겠습니까?

☐ These are popular among foreigners.
　디즈　아　파퓨러　어멍　포리너즈
　　　　　　이것들이 외국인들 사이에 인기가 있습니다.

☐ From what I hear, they are much in demand just now.
　푸롬　왓 아이 히어, 데이 아　맛치 인　디맨드 져스트 나우
　　　내가 듣는 바에 의하면, 그것들이 지금은 수요가 대단히 많습니다.

☐ From what I have sold, people are buying them a lot.
　푸롬　왓　아이 해브 쏘울드, 피플　아　빠잉　뎀 어 랏
　　내가 지금까지 팔아온 바에 의하면 사람들이 그것들을 많이 사갑니다.

☐ I'm afraid we don't have that many on hand.
　아임 어프레이드 위 도운트 해브 댓 매니 온 핸드
　　　　유감이지만 그렇게 많은 수는 가지고 있지 않습니다.

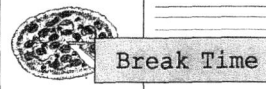

Break Time — *Adjective about Condition*

I feel
```
chilly.
dizzy.
feverish.
like vomiting.(throwing up)
nauseous.
numb here.
run down.
sick.
weak.
```

건강이나 기분 등의 컨디션을 나타내는 말에는 다음과 같은 다양한 형용사를 써서 나타내게 됩니다.

- **chilly** [tʃíli]   한기가 드는
- **fever** [fíːv(ə)r]   열, 열병
- **throw up**   토하다
- **numb** [nʌm]   무감각해진
- **sick**   아픈
- **weak**   허약해진
- **head cold**   머리 아픈 감기
- **running cold**   콧물 감기

- **dizzy** [dízi]   어지러운
- **feverish** [fíːv(ə)riʃ]   열이 있는
- **nauseous** [nɔ́ːʃəs]   메스꺼운
- **run down**   어지러운
- **tired**   피곤한
- **vomit** [vámit]   구역질하다, 구토하다.
- **nose cold**   코감기
- **stuffy cold**   코가 막히는 감기

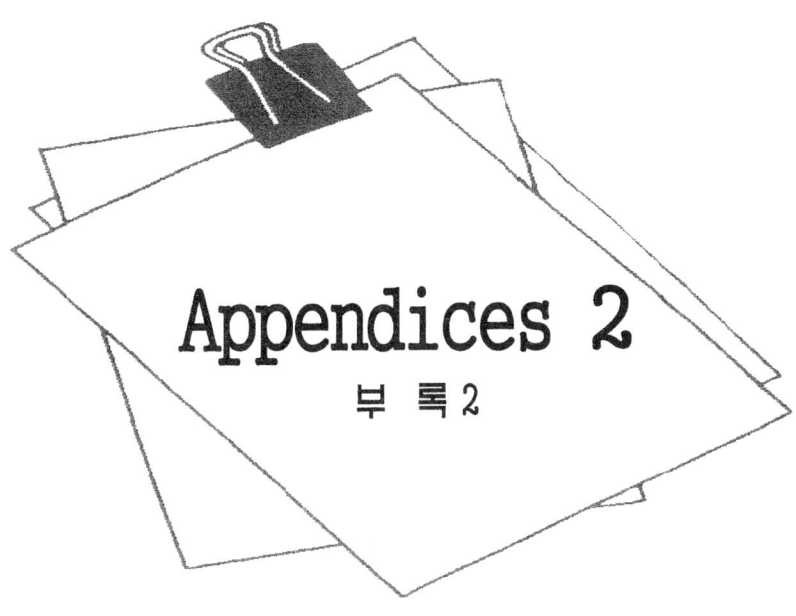

Appendices 2
부 록 2

십이지(十二支; 띠) 영어로 우리말로

Rat-people

If you were born in the year of Rat, I'll tell you what you are. Rat-people make the best party guest. They are humorous glamorous and originative. They love to have an idle talk. Although extremely competent at work, they can be too critical of others. They live for the present moment, and always dissatisfied. Childhood is happy; peace will come to the elderly RAT after a difficult middle age. The Ox and Dragon are good but try to keep away the Horse.

— Do you feel like having your fortune told?

Words & Phrases

party 자기편(쪽) 사람, 파, 당파, 당사자, 상대방, 동아리, 패.
humorous [hjúːmərəs | hjúːmərəs] 재미있는, 익살스런, 우스운.
competent [kámpətənt] 실력있는, 유능한, 적임의 효과가 있는.
critical [krítikəl] 비평의, 비판적인, 흠을 잡는.
dissatisfied [dìssǽtisfàid] 불평(불만)이 있는, 불만을 나타내는.
elderly [éldərli] 나이가 지긋한, 늙숙한, 초로의.
at work 일을 하고 있는, 작업 중.
glamorous [glǽmərəs] 매력에 찬, 매혹적인.
make 되다.
What you are 인간 됨됨이(인격).
What it is 현실.
What you have 재산.
childhood [tʃáildhùd] 어린 시절, 사물의 발달의 초기 단계.
glamour [glǽmər] 마법, 신비의 매력.
originate [ərídʒənèit] 시작하다, 일으키다, 창시하다.
originative [ərídʒənèitiv] 독창적인, 창의력, 발명의 재간이 있는, 기발한.

쥐 띠의 사람

 만일 쥐 해에 태어나셨다면 당신의 인격을 말해 드리겠습니다. 쥐띠의 사람들은 최상의 모임 손님(관계자, 당사자, 동아리, 패)이 됩니다. 그들은 재미있고 매혹적이며 창조적입니다(창작, 독창적). 또한 잡담을(한담, 부질없는 세상 이야기, 남의 뒷말, 험담, 뒷공론) 무척 좋아합니다. 직장에서 근무하는 데는 유능하지만(실력있고, 적임이고, 효과적이고) 너무 남들을 비평하거나 너무 흠을 잡습니다. 그들은 지금 이 순간을 위해서 살고 그리고 늘 불평 불만이 있습니다. 유년 시대에는 행복하겠고 어려운 중년기 뒤의 초로의 나이가 지긋한 쥐띠의 사람은 평화(평온, 태평, 안심, 평안, 안정)가 오겠습니다. 소띠 그리고 용띠는 좋으나 말띠는 가까이하지 마십시오.

－점보고 싶으십니까?

Useful Expression

- Try to discover what you are.
- Try to find your fortune.
- It'll provide a remarkable understanding of your own personality and of the people around you.

Ox-people

If you were born in the year of Ox, I'll tell you what you are. Please try to discover what you are. The Ox born in winter will have an quiet life than the Ox born in summer, who have to work very hard all his life. Usually quiet, conservative have patience. Ox people can be apt to use their fists if irritated. A difficult foreman who dominates the family. Best careers are in medicine or farming. Good communication with the Rat and the Rooster, but not with the Monkey or sheep.

— Have you ever had your fortune told?

Words & Phrases

a quiet life 안락한 생활, 마음이 편한 생활, 태평스러운 생활.
quiet [kwáiət] 단조한, 얌전한, 정숙한, 말없는, 암띤.
conservative 보수적인, 보수적인 경향의 사람
be apt to~ 경향이 있는, ~하기 일쑤인.
irritate [írətèit] 약을 올리다, 자극하다, 선동하다, 노하게 하다, 집적거리다, 들볶다.
medicine [médəsin] 의학, 의술, 내복약, 의학, 내과(치료), 주술, 마법.
communication [kəmjù:nəkéiʃən] 일치관계, 친밀, 영교, 교제, 전달, 통신, 교통(기관)
allot [əlát] 할당하다, 분배하다, 배당하다.
patience [péiʃəns] 인내, 참을성, 끈기, 불굴의 힘.
fist [fist] 주먹, 철권, 손 파악, 필적, 손(가락) 표.
foreman [fɔ́ərmən] 노동자의 십장, 직장, 직공장, 현장 주임.
dominate [dámənèit] 지배(위압)하다, 격정 등을 억누르다, 조절하다, 좌우하다, 우위를 차지하다.
communication [kəmjù:nəkéiʃən] pl. 보도기관, 사상 전달법
conservative [kənsə́:rvətiv] 보수적인, 보전하여 지킴, 재래의 풍속·습관·전통을 중요시하여 그대로 지킴. 구습을 보존하고 새로 고치는 것에 반대함.
farming [fáərmiŋ] 농업, 농작, 양식, 농장 경영, 사육, 농업의, 농업용의.

소 띠의 사람

당신이 만일 소해에 태어나셨다면 당신이 진정 어떤 사람인지 말씀 드리겠습니다. 당신의 인격을 발견해 보도록 해 보세요. 겨울에 태어난 소는 여름에 태어난 소보다도 쉽고(웅이하고, 안락하고, 편하고, 마음 편하고) 태평스러운 생활을 하겠습니다. 여름에 태어난 소는 평생토록 열심히 일을 해야 합니다. 대개 환경 또는 생활양식 등이 단조롭거나(얌전하고, 말이 없이 앉았거나, 온화하고 정숙하고 보수적이며, 무사주의적이거나) 근면하고 골똘하고 끈기있고 참을성이 있습니다. 소띠의 사람은 만일 비위가 거슬리거나, 화가 나면(들볶이거나) 폭력적인 행동이 나오는 경향이 있습니다. 가족을 좌우하는 힘겨운 주인(선생, 스승) 명장입니다. 최상의 직업은 의학계나 농업입니다. 쥐띠·닭띠와는 좋은 일치관계가 되겠지만 원숭이나 양띠의 사람과는 좋은 관계가 안 되겠습니다.

ㅡ점장이에게 점을 보신 적이 있으신가요?

Tiger-people

If you were born in the year of Tiger, I'll tell you what you are. Please try to discover what you are. A person of action and charismatic(though somewhat stubborn), leader who defies authority and loves to take risks. The tiger is the symbol for good luck. People born in these years will bring good fortune to themselves and their families. The second phase of life is apt to be troublesome, possibly violent. Allies are those born in the years of the Horse, Dragon and Dog.

―*If someone tells you what you are, do you believe him?*

Words & Phrases

action [ǽkʃən] 일함, 활동, 실행, 작용, 몸짓, 연기 거동, 작동.
charismatic [kæ̀rizmǽtik] 인간적 매력있는, 덕망이 있는.
charisma [kərízmə] (신이 부여하는) 재능, 권능, (대중에게 개인적인 영향력과 권위를 발휘하는) 인간적 매력, (뛰어난 영도력을 부여하는) 덕망.
defy [difái] 무시하다, 겁내지 않고 맞서다, 얕보다, 공공연히 반항하다.
take risks [teik risk] 되든 안 되든 모험을 해보다, 위험을 무릅쓰다.
troublesome [trʌ́blsəm] 까다로운, 곤란한, 힘든, 성가신, 귀찮은, 골치 아픈, 말썽부리는.
violent [váiələnt] 폭력적인, 심한, 극단적인, 사람의 행동 감정 등이 맹렬한, 폭력에 의한.
ally [əlái] 동맹하다, 연합하다, 보통 수동형으로 (~을) 동맹·결연·연합·제휴시키다.
allies [ǽlaiz] 동맹국, 동맹자, 맹방, 자기편, 매우.
a good(bad) risk (보험회사가 보아) 위험이 적은(많은) 피보험자.
at all risks=at any(whatever) risk 어떤 위험을 무릅쓰고라도, 꼭, 기어이.
at one's one risk 자기가 책임지고.
possibly [pɑ́səbli] 아마, 혹시, 어쩌면.
authority [əθɔ́rəti] 권위, 권력, 위신, 교권, 권능, 권한; pl. 당국, 관헌, 관계자, 권위자, 대가.

호랑이 띠의 사람

당신이 만일 호랑이 해에 태어나셨다면 당신은 정말 어떤 사람인가를 보여 드립니다. 당신의 인격을 발견해 보세요. 조금 고집이 세어서 완고하긴 하지만 권력(권위)에 겁내지 않고 맞서고 공공연히 반항하거나 얕보며 또한 되든 안 되든 위험을 무릅쓰고 모험하기를 무척 좋아하는 활동적이며 실행적이며 뛰어난 영도력을 가진 덕망있는 사람입니다. 호랑이는 좋은 운, 길운의 상징이므로 이 해에 태어난 사람들은 그들 자신들과 가족들에게 행운(부, 재산, 큰 재물)을 가져옵니다. 생의 2단계에서는 골치 아프거나 귀찮은 일로 말썽이 나겠는데 어쩌면 광포한 일일수도 있습니다. 말, 용, 개의 해에 태어난 사람들과 결연자, 동맹자가 되겠습니다.

- 만일 누가 당신이 정말 어떤 사람인지 말해 준다면 그 말을 믿으시겠습니까?

 **Useful Expression**

- I think I am blessed with good fortune.
- It's all due to the stars I was born under.
- I was born under a lucky[an unlucky] star.
- My fate is sealed.
- I left it to fate.
- I have to carve out my own future.
- Sometimes we have struggle against(with) fate.
- A fortune's favorite.
- A whim[an irony] of life.

Rabbit-people

If you were born in the year of Rabbit, I'll tell you what you are. Please try to discover what you are. Happiest of all signs. The rabbit is especially good at bargain hunting and at handling money. Pleasant and sweet. So superficial in public. Peace and solitude. All phases of life should be calm, provided the Rabbit maintains routine. Compatible with those born in years of the Dog, Boar and Sheep; the Rat should be avoided.

—*Don't you want to know what animal is reckoned for you?*

Words & Phrases

of all signs 모든 궁(별자리의 이름) 중에서.
bargain hunting [báərgin hʌ́ntiŋ] 시장가치가 없는 싸구려 주를 전적으로 사서 모은는. 것, 염가품을 찾아 다니는 것.
handling [hǽndliŋ] 취급, 손을 댐, 운용, 조종, 솜씨.
pleasant [plézənt] 유쾌한, 즐거운, 호감이 가는, 귀여운, 쾌활한.
superficial [sùːpərfíʃəl] 깊이가 없는, 피상적인, 경박한, 영향이 적은, 얕은, 표면상의, 상처 등이 얕은, 깊은 맛이 없는.
in public [in pʌ́blik] 여러 사람 앞에서, 공공연히.
prefer [prifə́ːr] 오히려 ~을 좋아하다, 차라리 ~을 취하다.
provided [prəváidid] 만약 ~이라면(if), ~을 조건으로(that~).
maintain [meintéin] 지속하다, 계속하다, 유지하다, 지탱하다, 보존하다.
routine [ruːtíːn] 정해진 일, 나날의 일, 과정, 관계, 치례, 기계적인 절차.
compatible [kəmpǽtəbl] 양립할 수 있는, 모순이 없는, 겸용의.
reckon [rékən] 간주하다, ~으로 치다(생각하다), 세다, (아무를) ~의 하나로 보다.
sign [sain] 《천문》 궁(황도의 12구분의 하나).
궁 : 별자리의 이름.
황동 : 외견상으로 태양의 궤도. 곧 지구에서 보아 태양이 지구를 중심으로 운행하는 것처럼 보이는 천구상의 대원.

토끼 띠의 사람

　당신이 만일 토끼해에 출생했다면 당신이 정말 어떤 사람인가를 말씀드리지요. 당신 자신의 인격을 발견해 보십시오. 모든 궁 중에서 가장 행복한 운입니다. 토끼는 유달리 염가품이나 시장가치가 없는 싸구려 주를 전문적으로 사서 모으거나 돈에 손을 대어 취급(운용, 조정)하는 솜씨가 아주 능합니다. 상냥하고 귀여워 호감이 가는 토끼는 여러 사람 앞에서 깊이가 없고 천박합니다. 평화(평온, 태평, 평안, 안정, 침묵)와 고독·독거를 좋아합니다. 인생의 모든 단계는 고요하고 조용하고 마음, 기분이 평온하겠습니다. 만일 정해진 일이나, 나날의 일이 유지, 지속, 계속이 된다면 말입니다. 개나 돼지나 양의 해에 태어난 사람들과는 모순이 없겠으나 쥐띠의 사람을 비켜가야 합니다.

―당신은 무슨 동물에 해당되는지 알고 싶지 않으십니까?

Dragon-people

If you were born in the year Dragon, I'll tell you what you are. Please try to discover what you are. Enthusiastic idealists who demand perfection of themselves and their associates. Hot tempered and over-proud. The Dragon is the eastern symbol of wealth, virtue, harmony and long life. The Rooster, Rat, Snake and Monkey will all be fine companion, but the Dog will only cause trouble. The first two phases of life are turbulent, contentment in the third.

― Let me know the year of your birth.
― In what year were you born?
― I'll tell you what animal belongs to you.

Words & Phrases

enthusiastic [inθjùːziǽstik] 열광적인, 광신적인, 열열한.
idealists [aidíːəlist] 이상주의자, 관념론자, 유신론자, 공상가, 몽상가.
over-proud [òuvərpráud] 지나치게 뽐내는, 자랑하는, 지나치게 잘난체 하는, 지나치게 거만한, 지나치게 자부심이 강한.
associate [əsóuʃièit] 동무, 패, 친구, 조합원, 동인, 동료, 연상시키다, 한패가 되다, 가입시키다, 관계·관련시키다, 연합시키다, 결합시키다.
hot-tempered [hάttémpərd] 성급한, 골 잘내는.
virtue [vəːrtʃuː] 덕, 덕행, 선, 선행, 고결, 미덕, 도덕적 미덕, 정조.
harmony [hάərməni] 조화, 일치, 화합, 융화, 화음.
turbulent [təːrbjulənt] 휘몰아치는, 몹시 거센(풍파), 요란스러운, 난폭한, 사나운.
rooster [rúːstər] 수탉(cock).
companion [kəmpǽnjən] 동료, 반려, 친구, 벗, 동무, 말동무, 우연한 길동무.
cause [kɔːz] 일으키다, ~의 원인이 되다.
contentment [kənténtmənt] 만족, 흡족해 함.
phases [feiz] 시기, 변화·발달의 단계, 상·현상.

용 띠의 사람

  열열한(열광적인, 광신적인) 이상주의자(관념론자, 유신론자)입니다. 그들 자신들과 그들의 동무(패, 친구, 조합원, 동인, 동료, 준회원) 등이 완전한 사람이어야 함을 요구하거나 또는 강조하는, 열열한 이상주의자입니다. 성급하고 골 잘내고 지나치게 뽐내고(자랑하고, 지나치게 잘난 체하고 지나치게 거만하고, 지나치게 교만하고, 우쭐대고 지나치게 뻐기고) 도도합니다. 용은 재물이나 부(부자, 부귀, 덕)와 미덕, 정조, 화합(조화, 일치, 융화) 그리고 장수를 나타내는 동양(동양인)의 성징, 표상입니다. 쥐띠, 닭띠, 뱀띠, 원숭이띠 등의 사람들은 아주 좋은 상대이지만 개띠의 사람 만큼은 말썽(성가신 사건, 귀찮은 일, 고생, 수고, 근심, 걱정, 고뇌, 괴로움, 고난, 재난, 고통, 불행, 탈, 질환, 고장, 불편, 폐, 성가신 일, 귀찮은 일)을 일으킵니다. 인생의 처음 두 단계에서 거센 풍파가 있겠고 3단계에서는 순조로워져 만족하겠습니다.

― **태어난 해를 말해 보세요**

― **몇 년도에 출생했습니까?**

― **무슨 동물에 속하는지 보아 드리죠**

Snake-people

If you were born in the year of Snake, I'll tell you what you are. Please try to discover what you are. The possessor of beauty. Wit and a keen mind and often psychic. However, Snakes tend to be lazy, Chauvinistic and possessive. Stingy with money, but not with advice. Good friends in the Ox and Rooster but extreme difficulty with the Tiger. Susceptible to climate. The weather conditions on the day of birth will predict whether the Snake's life will be "sunny" or "stormy".

—What animal belongs to you?

Words & Phrases

possessor [pəzésər] 소유주, 점유자.
wit [wit] 기지, 재치, 요령, 수완.
keen [kiːn] 날카로운, 예민한, 빈틈없는, 발랄한, 열심인, 기분·감정이 흥분되어 있는.
psychic [sáikik] 영혼의, 정신의, 심령의, 심리적인, 심령 작용을 받기 쉬운, 병이 정신적인, 심적인, 무당, 영매.
chauvinistic [ʃòuvinístik] 광신적, 애국주의의.
stingy [stíndʒi] 인색한, 부족한, 무척 아끼는, 깍정이의.
extreme [ikstríːm] 극도의, 과격한, 극단적인, 비상한, 몹시 급격한, 맨 끝의.
susceptible [səséptəbl] 민감한, 예민하게 느끼는, 느끼기 쉬운, 감수성이 강한, 다정다감한.
but not with advice=but not stingy with advice
possessive [pəzésiv] 소유욕이 강한, 독점하고 싶어하는, 소유의.
difficulty [dífikʌlti] 곤란, 궁지, 지장, 난국, 어려움, 어려운 일.
possessive rights 소유권.
psycho [sáikou] psychotic의 단축형(pl. ~s) 정신 분석, 정신병자(환자)가, 정신의학의, 정신병 치료의, 정신을 분석하다.
stingy [stíŋi] 쏘는, 날카로운.
labor difficulties 노동쟁의.
climate [kláimət] 기후, 어떤 특정 기후를 가진 토지, 지방, 어떤 지역·시대 등의 풍조, 사조, 풍토, 분위기, 정세, 회사 등의 기풍.

뱀 띠의 사람

뱀의 해에 태어나셨다면 당신이 정말 어떤 사람인지 말씀 드리겠습니다. 당신 자신의 인격을 발견하도록 해 보세요. 아름다움과 수완(요령, 재치, 기지, 이해, 이지)의 소유자이며 날카롭고 지력이 예민하며 종종 심령작용을 받기 쉽습니다. 뱀은 게으르거나 굼뜨고 광신적, 호전적이며 소유욕이 강한 경향이 있습니다. 돈을 아끼고 내어 주기 아까워하며 노랫의 소리를 들을 정도이긴 하지만 충고나 조언 권고에는 인색하지 않고 받아들입니다. 소띠, 닭띠의 사람과는 좋은 친구가 되겠지만 호랑이띠의 사람과는 극도의 곤란(어려움, 곤경(재정 곤란), 불만, 불평, 다툼, 말썽, 지장) 등이 있겠습니다. 기후나 분위기에 민감, 예민합니다. 출생한 날의 날씨 상태가 뱀띠 사람들의 생애가 양지바를 것인가 폭풍이 몰아칠 것인가를 예언해 줍니다.

― 당신에게는 어느 동물이 해당됩니까?

Useful Expression

- When they choose a person for their wife or husband, a man born in the year of dog doesn't want to marry a woman born in the year of monkey. They fight.
- Suppose you were born in the year of Dog. Who will you marry?

Horse-people

If you were born in the year of Horse, I'll tell you what you are. Please try to find your fortune. A real showman, always popular until someone makes the Horse angry. Often egotistical and impatient. A hard worker when not bothered by a problem. Expect anything and everything in the first two phases of life; the last phase should be peaceful. Horse people get along well with the Dog, the Tiger, and the sheep, whereas the Rat will only cause arguments.

Words & Phrases

real [ríːəl] 진짜의, 진지한, 실재하는, 현실의, 객관적인, 실재적인.
showman 흥행사, 서커스 따위의 흥행인, 연기적 재능이 있는 사람.
egotistical [ìːgətístikəl] 이기주의의, 자기본위의, 제멋대로의, 독선적인, 자기 중심의.
impatient [impéiʃənt] 성급한, 참을성 없는, 안달하는, 조바심 내는, 몹시 ~하고 싶어하는.
bother [báðər] 괴롭히다, 귀찮게 굴다, 곤란하게 하다, 허둥거리게 하다.
get along well (동료 등)과 사이좋게 지내다.
whereas [hwɛəráːz] 그런데, 그러나(사실은), ~에 비추어, ~에 반하여.
arguments [áːrgjumənt] 논쟁, 논의, 이론, 논법, 요지, 개요.
egotistic-tical [ìːgətístik èɡoutístik] 자기 중심의, 자기 본위의, 독선적인, 이기적인.
get along well with~ ~와 사이좋게 잘 지내다(살아가다).
showmanship 흥행적 수완, 연출 솜씨, 청중·관객 등을 끄는 수완.

말 띠의 사람

말의 해에 태어나셨다면 당신의 인격을 말씀 드리겠습니다. 자신의 행운을 발견하도록 해 보세요. 상품이나 기술을 가장 유리하게 보이는 홍행적 수완이 있는 홍행인·홍행사로 늘 인기있고 인망이 있고 평판이 좋고 대중적입니다. 누군가가 말을 화나고 노하게 만들기 전까지는 그렇습니다. 자주 제멋대로 하려 하며(자기 본위적이고 이기독선주의적이고 야욕이 강하고) 안달 조바심하고 성급하고 참을성이 없습니다. 어떤 문제로 괴롭거나(귀찮거나) 곤란받지 않으면 근면하고 몸을 아끼지 않고 일하고 공부합니다. 생애의 처음 두 단계에서는 무엇이든 모두를 기대해 봅니다. 마지막 단계에서는 평화롭고 태평하겠습니다. 말띠는 개띠와 호랑이띠, 양띠들과 사이좋게 지냅니다. 그러나 쥐띠의 사람은 논쟁이 있겠습니다.

Useful Expression

- Do you live in Korea or are you a visitor?
- I'm passing through Korea on my way to china.
- I like what I have seen very much.
- I was surprised to see how quickly the country is developing. But I've been most impressed by the industrial progress that Korea has made.
- How did you get on at the yukwan?
  Any difficulties with the language?
- I've been here only a week.

Sheep-people

If you were born in the year of Sheep, I'll tell you what you are. Please try to find your fortune, and discover what you are. Sign of the artist and nature-lover. Has difficulty making decisions and arriving anywhere on time. Though never content with life, the Sheep's charm, good taste and talent make his complaining a bit easier to bear. 'Luck will come in the first and third phases of life. The middle phase will see problems of romance. Sheep will settle down with the Rabbit, Boar or Horse but never the Dog.

—Have you discovered what you are from my word?

Words & Phrases

have difficulty ~ing [hæv dífikʌ́lti] ~이 곤란하다, ~이 어렵다.
content [kántent] 만족을 주다, 만족시키다, ~에 만족하다.
sheep's charm [ʃiːps tʃɑərm] 양의 매력, 마력.
good taste [gud téist] 좋은 취미, 좋은 기호, 좋은 맛.
easy [íːzi] 쉬운, 안락한, 마음편한, 태평스러운, 부드러운, 미끈한, (기분, 태도)여유있는, 알맞은(속도 등), (상품의 수요가) 풍부한, (시장의 거래가) 한산한.
bear [bɛər] 운반하다, 지탱하다, (고통, 불행 등) 견디다, 참다.
problems of romance [prábləmz ʌv róumæns] 연애 문제.
settle down [sétl dáun] 정착하다, 결혼해 자리잡다, 정주하다, 진정하다.
sign [sain] 궁(별자리의 이름).
make [meik] **a decision** 결정하다, 결단하다.
a bit easier 약간 더 용이한, 좀더 쉬운.
luck [lʌk] 운, 특히 좋은 운, 행운.
like a charm 신기하게, 신통하게, 희한하게, 효과적으로.
under the charm 마법에 걸려.

양 띠의 사람

양의 해에 태어나셨다면 당신이 정말 어떤 분인지 보아 드리니 행운을 찾으시고 당신이 정말 어떤 분인지 발견하도록 해 보세요. 예술가(미술가, 화가, 예도의 명인, 명장)의 궁이며 자연을 사랑하는 사람입니다. 결심(결의, 결정, 해결, 판결) 하는데 곤란하고 어디에든 정각에 도착하기가 곤란합니다. 생활에 전혀 만족을 못하지만 그의 불만(불평)은 그의 매력(마력), 좋은 위미, 기호 그리고 재주(특수한 재능 수완) 때문에 참고 견디고 지탱할만 합니다. 생의 1단계, 3단계에서는 행운이 오겠으나 중간 단계에서는 연애 문제를 경험하겠습니다. 토끼띠, 돼지띠, 또는 말띠의 사람과는 결혼하여 자리를 잡거나 정주하거나 차분히 무엇을 착수하거나, 진심으로 할 생각을 가지고 일을 하는 사이가 되겠지만 개띠의 사람과는 전혀 안 됩니다.

―나의 말을 듣고 당신이 진정 어떤지 발견하셨습니까?

Useful Expression

- I'm glad to have met you and enjoyed our talk.
- Nice meeting you.
- Nice talking to you.
- May I ask how far you're traveling?
- Thank you for giving me a good chance to have a talk.
- This is my daughter. She sometimes does cute things.
- Are you going there for sightseeing?

Monkey-people

It's very impotant to know what you are. If you were born in the year of Monkey, I'll tell you what you are. Please try to find your fortune, discover what you are. This playful joker is inventive, intelligent and has an amazing memory. Unfortunately, Monkeys know they're wonderful and they have few scruples. So be careful what you tell them, or the joke will be on you! Childhood is happy, middle age confused, and old age calm and solitary. Good partners for Monkeys are the Dragon and the Rat, but definitely not the Tiger.

Words & Phrases

playful [pléifəl] 놀기 좋아하는, 장난 잘하는, 명랑한, 농담의.
joker [dʒóukər] 농담하는 사람, 익살꾼, 놈, 녀석, 사나이, 모호한 조항, 예기치 않은 곤란.
amazing [əméiziŋ] 굉장한, 놀랄만한.
scruples [skrú:pl] (일의 옳고 그름에 대한) 의심, 망설임, 주저, 양심의 가책.
joke [dʒouk] 우스운 일, 웃음거리.
on (방향, 작용, 영향) ~을(로) 향하여, ~에 대하여.
confused [kənfjú:zd] 혼동하는, 당황하는, 얼떨떨한.
solitary [sálətèri] 고독한, 외로운, 혼자 사는 사람, 은사, 독방 감금.
partner [pάrtnər] 배우자, 배필, 남편, 처, 댄스 상대, 짝, 협력자.
inventive [invéntiv] 발명의 재능이 있는, 창의력이 풍부한, 독창적인.
definitely [défənətli] 명백히, 확실히, 그렇고 말고, 절대로 ~아니다.
intelligent [intélədʒənt] 이해력이 있는, 이성적인, 지적인, 총명한, 재치있는.
unfortunately [ʌnfɔ́ərtʃənətli] 불행(불운)하게도, 유감스럽게도, 공교롭게도, 운수 나쁘게.

원숭이 띠의 사람

　자신이 정말 어떤 사람인가 안다는 것은 대단히 중대합니다. 원숭이 해에 태어나셨다면 당신이 정말 어떤 사람인지 말씀드리니 행운을 찾으시고 자신의 인격을 발견해 보세요. 놀기 잘하고 장난 잘하는 익살꾼은 발명에 재능이 있고 이해력이 있고 이성적이고 총명하여 놀라운 기억력을 가지고 있습니다. 불행히도 원숭이는 그들이 훌륭하다고 알고 있어서 양심의 가책(의심, 망설임, 주저)이 거의 없습니다. 그래서 그들에게 말하는 것을 조심해야 됩니다. 그렇지 않으면 그 농담이 당신에게 영향을 미칩니다. 유년 시대는 행복하고 중년에는 혼란스럽고 노년에는 고요하고 조용하고 마음·기분이 평온하고 고독하고 외롭고 혼자 살게 될는지도 모릅니다. 용띠나 쥐띠의 사람들이 좋은 동반자·배우자·배필·남편·처·짝·공동 경영자·출자 조합원이 되겠으나 호랑이 띠의 사람과는 분명히 안 됩니다.

Useful Expression

- I notice you always sit with her.
- Please stretch yourself to relieve fatigue.
- Rise all and gain all.
- Sometimes I climb up and down a mountain.
- It's mere chance.
- Reserve your strength for the climb.

Rooster-people

It's very important to know what you are. If you were born in the year of Rooster, I'll tell you what you are. Please try to find your fortune. The cocky Rooster is talented in business, budgeting money and attracting attention. Laziness and tendency to daydream should be controlled because the Rooster must work hard for a living. The extremes of good fortune and bad will mark all stages of life; old age will be happy. Compatible with the Ox, Snakes and the Dragon; the Rabbit will only cause problems.

—Do you think you're talented in business?

Words & Phrases

cocky [káki] 잘난 체하는, 건방진.
budgeting [bʌ́dʒit] 예산을 세우는 일.
attract attention [ətǽkt əténʃən] 주의를 끌다.
tendency [téndənsi] 성벽, 성향, 경향, 풍조, 추세.
daydream [déidrìːm] 공상, 백일몽, 공상에 잠기다.
extremes [ikstríːm] 극단, 극도, 극단적인 수단, 과격한 수단, 극단적인 상태(특히) 궁경.
mark [maərk] 운명짓다, 설계(계획)하다.
stage [steidʒ] 단계, 발달 등의 기, 정도, 연단, 무대, 활동 무대, 활동 범위.
budget [bʌ́dʒit] 예산에 계산하다, 예산을 세우다, (for) 예산, 예산안, 경비, 운영비, 가계, 생활비, 편지, 서류의 한 묶음.
balance the budget 수지 균형을 맞추다.
on a budget 예산을 세워.
attract ~으로 끌다의 뜻에서 주의·흥미 등을 끌다, 끌어당기다, 매력 등으로 유혹하다 (allure), 매혹하다(entice) .

닭 띠의 사람

　당신 자신이 정말 어떤 사람인지 안다는 것은 중요합니다. 만일 닭의 해에 태어나셨다면 당신의 인격을 말씀드리니 당신의 행운을 찾으세요. 잘난 체하고 건방진 수탉은 장사(사업·돈·예산 세우기·운영비·가계생활비) 등에 재능이 있고 유능하며 주의를 끕니다. 닭은 생존·생활을 위해서 열심히 일을 해야 함으로 게으름 피우거나 공상에 잠기는 경향은 억제되어야 합니다. 최고의 좋은 운, 극단의 나쁜 운이 생활의 모든 단계를 운명짓겠습니다. 나이 들어서는 복 받아 행복하겠습니다. 소띠, 뱀띠, 용띠와는 괜찮겠으나 단 토끼띠는 말썽을 일으키거나 성가신 사건(귀찮음·고생·수고·근심·걱정·고뇌·재난·고통·불행·탈·질환·고장·불편·폐 등) 등이 있겠습니다.

　―당신은 사업에 재능이 있다고 생각하십니까?

Useful Expression

－I had no chance of speaking to him.
－Take every chance of speaking English.
－Once you hesitate, you are lost.
－Seize a chance.
－Let's do some bike riding.
－Everything is in its place.
－Let's put away the bed.
－Save in every way you can.
－It saves time and trouble(energy).

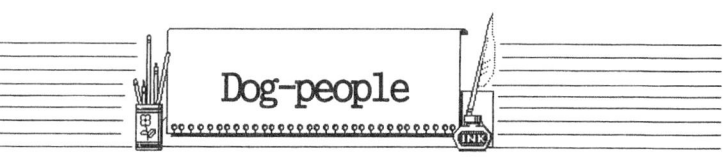

Dog-people

It's very important to know what you are. If you were born in the year of Dog, I'll tell you what you are. Please try to find your fortune. People born in these years are loyal friends and champions of justice. They do well as judges or teachers. Worrisome, introverted, and often confused. Headstrong but hardworking. The Dog born during the day will be less nervous; the watchdog born at night is destined to be on guard all life long. No friend is the Dragon; stick with the Rabbit, the Tiger and the Horse.

—Are you introverted or extroverted?

Words & Phrases

champions [tʃǽmpiən] 전사, 투사, 옹호자, 선수권 보유자, 우승자.
justice [dʒʌ́stis] 정의, 공정, 공평, 공명정대, 사법, 재판.
worrisome [wə́ːrisəm] 꺼림칙한, 걱정되는, 귀찮은.
introverted [íntrəvə́ːrtid] 내성적인.
loyal [lɔ́iəl] 충성스러운, 충실한, 성실한, 정직한.
headstrong [hédstrɔ̀ːŋ] 완고한, 옹고집인, 고집센, 제멋대로하는, 억지쓰는.
hardworking [háərdwə́ːrkiŋ] 근면한, 열심히 일(공부)하는.
nervous [nə́ːrvəs] 흥분하기 쉬운, 신경성의, 침착성이 없는, 신경질의, 소심한, 안달복달하는.
destine [déstin] 운명짓다, (어떤 목적 용도로) 예정해 두다.
be destined to~ ~로 운명지어지다.
on guard [ɔn gaərd] 당번으로.
nervous 신경과민의, 겁 많은, 침착성 없는, 노하기 쉬운, 강한, 굳센.
feel nervous about~ ~을 근심하다, ~을 염려하다.
nerve strain 신경 과로.

개 띠의 사람

당신이 정말 어떤 사람인가를 안다는 것은 중요합니다. 개의 해에 태어나셨다면 당신의 인격을 알려 드리니 당신의 행운을 찾아 보세요. 이 해에 태어난 사람들은 충성스럽고(성실·정직) 고결한 친구(자기편·후원자·지지자·동정자·공명자·도와주는 사람·시중드는 사람·동반자·동료)이고 정의(공정·공평·공명정대)의 투사(옹호자·전사·우승자)입니다. 판사나 스승처럼 알아서 잘 합니다. 꺼림칙해 하거나 걱정·고민이 있고 귀찮아하고 속태우거나 마음을 조리고 내성적이고 자주 당황하거나 혼돈 됩니다. 완고하고 옹고집이어서 멋대로 하려 들지만 근면하고 몸을 아끼지 않습니다. 낮에 태어난 개는 덜 흥분하겠으나 밤에 태어난 경비견은 일생동안 내내 당번 근무로 비번이 없이 일하는 운명이 되겠습니다. 용띠는 친구로 하지 말고 토끼, 호랑이, 말띠의 사람과 서로 충실하면서 지내면 좋겠습니다.

- 당신은 내성적이신가요? 외향적이신가요?

Useful Expression

- TIt's too good to throw away.
- I can't hope to visit Europe, but at least I wish to see Japan.
- Thank you for your honesty.
- Don't rush into anything. Take your time and think it over carefully.
- There's no hurry.

Boar-people

People born in the year of Boar are peace-loving, courteous and sensitive with a slight spendthrift tendency. Studious when subject is of interest. Does not make friends easily but is extremely loyal once a friend is found. The first phase of life will be calm; the second, troublesome. The Boar must avoid the Snake who can easily overpower him, but will find happy companionship in the Rabbit.

─ *Can you discover what you are?*
─ *What do you know about yourself?*

peace-loving 평화적인, 평화를 애호하는.
courteous [kə́ːrtiəs] 예의바른, 정중한, 친절한.
boar [bɔər] (거세하지 않은) 숫돼지.
spendthrift [spéndθrift] 돈을 헤프게 쓰는(사람), 방탕한(사람), 주색으로 재산을 탕진하는 사람, 낭비가.
studious [stjúːdiəs] 학문에 힘쓰는, 힘써 행하는, 고의의, 매우 ~하고 싶어하는, 열심인 신중한, 세심한.
make friends with 친하게 지내다.
overpower [òuvərpáuər] 이기다, 지우다, 압도하다, 못견디게 하다.
companionship [kəmpǽnjənʃip] 동무로 사귀기, 교우, 교제, 친구들.
loyal [lɔ́iəl] 충성스러운, 성실한, 충실한, 정직한, pl. 충신.
calm [kɑːm] 마음·기분이 평온한, 침착한, 바다·날씨가 고요한.
extremely [ikstríːmli] 극단적으로, 극히, 몹시, 대단히.
of interest [ʌv íntrist] 흥미있는(숙어).
sensitive [sénsətiv] 민감한, 느끼기 쉬운, 감각이 예민한, 감정이 상하기 쉬운, 외부의 영향에 반응하거나 느끼거나 하기 쉬운.
slight [slait] 하찮은, 대단치 않은, 시시한, 보잘 것 없는, 가벼운, 경미한, 근소한, 약간의 작은.

돼지 띠의 사람

돼지해에 태어난 사람들은 평화를 사랑하며 예의바르고 그리고 약간 돈을 헤프게 쓰거나 방탕하기 쉽습니다. 어떤 학문(과목)이 재미있을 때는 매우 하고 싶어하거나 매우 열심히 합니다. 쉽사리 친하게 지내지는 않지만 일단 친구가 생기면 대단히 성실하고 정직하기가 이를 데 없습니다. 인생의 첫 단계에서는 마음·기분이 평온할 것이지만 두 번째 단계에서는 성가신·곤란한 일로 말썽이 있겠습니다. 돼지띠의 사람들은 뱀띠의 사람들을 피해야 하는데 이유는 뱀띠는 돼지띠를 수월하게 이기거나, 지우거나, 압도할 수 있기 때문입니다. 그러나 토끼띠의 사람과는 다정하고 경사스러운 친구의 사귐이 있겠습니다. 다시 말하면 토끼띠 가진 행운의 친구를 만나게 될 것입니다.

―*당신이 정말 어떤 분인지 발견할 수 있습니까? (인격)*
―*당신 자신에 대해 무엇을 알고 계십니까?*

 **Useful Expression**

―It makes me feel young.
―Let's get my car and take a drive.
―Have another.
―Do you get cold easily?
―I can't stand the cold.
―It's a wonderful way to bulid up resistance against colds.
―One way or another
―One way and another

본사
판권
소유

기본 생활영어

2013년 1월 25일 인쇄
2013년 1월 30일 발행

엮은이/ 국제언어교육연구회
펴낸이/ 최 상 일
펴낸곳/ 太乙出版社

서울특별시 중구 신당 6동 52-107 (동아빌딩내)
등록/1973년 1월 10일(제4-10호)

• 잘못 제작된 책은 잘된 책으로 교환해 드립니다.
값은 표지 뒷면에 표시되어 있습니다.

주문 및 연락처
우편번호 100-457
서울특별시 중구 신당 6동 52-107(동아빌딩내)
전화/(02)2237-5577 FAX(02)2233-6166

ISBN 89-493-0414-7 13730